Cuisine au micro-ondes

Cuisine au micro-ondes

Cet ouvrage a été réalisé par la Direction Produits Maxi-Livres :
Direction : Alexandre Falco
Responsable des publications : Françoise Orlando-Trouvé
Responsable du projet : Bénédicte Sacko

© 2004 Maxi-Livres pour la présente édition
www.maxi-livres.com

© Naumann & Göbel Verlagsgesellschaft mbH au sein de la
VEMAG Verlags- und Medien Aktiengesellschaft, Cologne
Photographies et fabrication : Naumann & Göbel Verlagsgesellschaft mbH, Cologne
www.apollo-intermedia.de

ISBN : 2-7434-4921-7

Cuisine au micro-ondes

Les plaisirs de la table

Préface

Appareil moderne, le four à micro-ondes fait gagner du temps à son utilisateur. Comme vous le savez certainement, cet appareil permet de décongeler facilement et de réchauffer des aliments déjà cuits, sans altérer leurs qualités gustatives et nutritionnelles. Les recettes que vous découvrirez dans les pages suivantes ont été sélectionnées pour vous montrer que l'on peut également cuisiner au micro-ondes et réaliser des plats simples aussi bien que des préparations plus élaborées.

Comme vous le constaterez en confectionnant les plats qui vous sont proposés, vous investirez moins de temps dans leur préparation, vous consommerez moins d'énergie et vous travaillerez de façon plus rationnelle en salissant moins de récipients et ustensiles. Les ingrédients conservent leurs vitamines et leurs sels minéraux étant donné qu'ils cuisent dans peu d'eau (c'est le cas, par exemple, des légumes) et que le mode de cuisson entraîne une élévation de la température au cœur même de l'aliment.

Malgré tous les avantages que représente le four à micro-ondes, il reste un appareil d'appoint qui ne saurait en aucun cas remplacer la plaque chauffante ou la gazinière et le four. En revanche, les différentes méthodes de cuisson se complètent à merveille.

Toutefois, avant de vous servir d'un four à micro-ondes et pour en tirer le meilleur parti, lisez attentivement les conseils pratiques.

Bon appétit !

Sommaire

Tout ce qu'il faut savoir sur le four à micro-ondes

Les fours à micro-ondes existent depuis plus de quarante ans. Les micro-ondes sont des ondes électromagnétiques à haute fréquence, semblables aux ondes radio et aux ondes hertziennes. Elles sont en mesure de véhiculer de l'énergie, sans fil. Cette énergie est de 2 450 mégahertz (MHz). Les ondes oscillent près de 2,5 milliards de fois par seconde, ce qui provoque la rotation des molécules sur lesquelles elles agissent, d'où l'élévation rapide de la température au cœur des aliments.

Lorsque vous achetez un four à micro-ondes, assurez-vous qu'il a été certifié par l'AFNOR, l'Association française de normalisation, et qu'il porte bien le label NF. Veillez à ce qu'il soit équipé de deux systèmes de sécurité distincts garantissant son arrêt automatique dès que vous appuyez sur la touche qui commande l'ouverture de la porte et non pas lorsque la porte s'ouvre. Tout micro-ondes comporte un **magnétron**, un générateur d'ondes électromagnétiques, alimenté en courant électrique. C'est le composant majeur de l'appareil.

Les ondes sont distribuées à l'intérieur du four par un déflecteur ou brasseur d'ondes et réfléchies par les parois métalliques du four. Elles agissent sur les molécules des aliments en les chauffant.

Vous pouvez observer le processus de cuisson en regardant par la porte vitrée, souvent munie d'un fin treillis métallique qui assure la réflexion des micro-ondes.

Un ventilateur assure le refroidissement du magnétron et chasse vers l'extérieur la vapeur d'eau générée par la cuisson. Assurez-vous que rien n'obstrue les orifices de ventilation par lesquels s'échappe la vapeur.

Le principe de fonctionnement du four à micro-ondes est le suivant : exposées à l'émission d'ondes, les molécules des aliments s'agitent, se frottent les unes aux autres et s'échauffent. Le dégagement de chaleur intervient au cœur même des aliments, ce qui explique les temps de cuisson extrêmement courts.

Les temps de cuisson n'ont qu'une valeur indicative. Il convient de les modifier si nécessaire. Mieux vaut s'y conformer dans un premier temps et, après vérification du stade de cuisson, remettre un plat au four s'il n'est pas assez cuit.

Sauf indication contraire, toutes les recettes sont prévues pour 4 personnes.
Les temps de cuisson s'accompagnent de symboles.

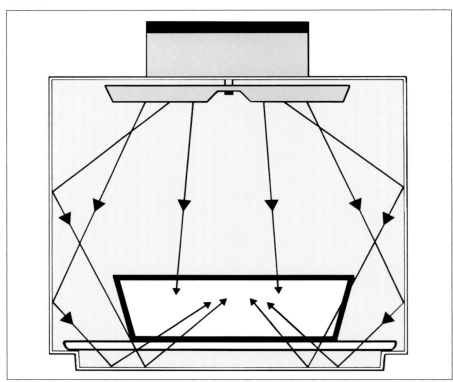

Les temps de cuisson indiqués dans les recettes se basent sur l'utilisation d'un four d'une puissance de 600 à 650 W. Le temps de cuisson doit être raccourci ou prolongé en fonction de la puissance de votre four.

 Plat à micro-ondes

 Plat brunisseur

 Gril (micro-ondes ou four traditionnel)

Avantages et utilisation

Le four à micro-ondes s'ajoute aux appareils de cuisson fonctionnant selon des techniques classiques.

Les avantages du micro-ondes sont multiples : réduction du temps de cuisson donc baisse de la consommation de courant électrique, donc dépenses réduites, facilité d'utilisation et d'entretien.

Il existe aujourd'hui des appareils d'une puissance variant de 500 à 1 000 W et d'une contenance d'environ 11 à 30 litres. Renseignez-vous et demandez conseil avant d'opter pour un modèle particulier.

Pour réaliser les recettes présentées dans ce livre, nous avons utilisé un four d'une puissance de 600/650 W et d'une contenance d'environ 18 litres.

Les quantités sont indiquées pour 4 portions.

Le four à micro-ondes permet de chauffer rapidement des plats cuisinés ou de décongeler des aliments. Les petits pots pour bébés sont chauds en un rien de temps, comme les soupes et les boissons. La brièveté du temps de cuisson a l'avantage de préserver les vitamines et les sels minéraux des aliments qui cuisent additionnés d'un peu de liquide.

Il ne faut plus craindre que les plats cuisinés avec amour finissent par dessécher à force d'être gardés au chaud. En effet, les plats réchauffés au micro-ondes conservent toute leur saveur.

Synonyme de flexibilité, le micro-ondes permet à chacun de prendre son repas à l'heure qui lui convient. Les piles de vaisselle sale appartiennent aussi au passé : les aliments sont chauffés directement dans le plat ou l'assiette de service.

Les fours à micro-ondes sont faciles à nettoyer et à entretenir puisqu'il n'y a pas de projections de graisses durant la cuisson. Il suffit de donner un coup d'éponge. Évitez les détergents agressifs ou abrasifs pour ne pas endommager le revêtement du four.

Avec un four à micro-ondes, quoi de plus simple que la cuisson au bain-marie par exemple. Il en est de même de la préparation de sauces, de béchamels et de bouillies, et sans grumeaux !

Récipients, ustensiles et accessoires

Dans toute cuisine convenablement équipée, on trouve des récipients adaptés au four à micro-ondes. **La céramique, le verre, la porcelaine, le carton** et **le papier** sont des matières qui résistent bien à la chaleur et qui laissent passer librement les micro-ondes. Les récipients utilisés ne chauffent pas mais la chaleur des aliments qu'ils contiennent peut se propager. Voilà pourquoi l'utilisation de **maniques** est impérative.

Pour savoir si un récipient est adapté à la cuisson au micro-ondes, il suffit de le remplir d'eau et de le placer au four environ 1 minute, à pleine puissance. S'il reste froid ou s'il est à peine tiède, c'est qu'il laisse passer les micro-ondes.

N'employez pas de vaisselle présentant un décor ou un revêtement métallique qui renvoie les ondes et les réfléchit contre les parois du four, ce qui peut provoquer des étincelles ou détériorer le motif dont s'orne le récipient. Évitez d'utiliser des récipients en porcelaine ou en verre d'une grande finesse, car ils risqueraient d'éclater sous l'effet de la chaleur qui se dégage des aliments. Employez de préférence des plats en vitrocéramique ou en porcelaine dure. Ils se nettoient facilement, supportent le lave-vaisselle et s'utilisent également dans un four traditionnel.

Conçu spécialement pour un usage au micro-ondes, le **plat brunisseur** en vitrocéramique, avec fond en ferrite, est indispensable pour faire dorer les aliments. Il faut le passer 6 à 8 minutes au four avant de l'utiliser. Dans les recettes, ce récipient est représenté par une marmite brune.

La céramique, la faïence et **le grès** s'emploient au micro-ondes, sauf indications contraires du fabricant. Les récipients en matière plastique rigide peuvent s'utiliser pour faire réchauffer des aliments. Il faut là encore se conformer aux instructions du fabricant, comme pour les assiettes et le carton.

Pour éviter que les aliments ne dessèchent, **il faut toujours les cuire à couvert** (sauf précision contraire indiquée dans la recette). Utilisez un couvercle, du film étirable ou du papier sulfurisé. Vous pouvez également faire cuire les aliments dans des sacs prévus à cet effet, que vous maintenez fermés avec de la ficelle de cuisine ou un élastique. Il faut bannir toute fermeture métallique. Percez le sac pour que la vapeur générée par la cuisson puisse s'échapper.

Le verre est idéal pour la cuisine au micro-ondes. La forme et les dimensions des récipients influent sur le processus de cuisson. À contenance égale, choisissez toujours le récipient le plus large, à fond plat. Pour tirer le meilleur parti des ondes et assurer leur pénétration régulière, il est préférable de bien répartir les aliments en couche fine dans le plat. Comme les métaux réfléchissent les ondes et les empêchent de pénétrer dans les aliments, il faut les proscrire. N'utilisez ni aluminium, ni cuivre, ni fonte ni acier dans un four à micro-ondes. L'exception qui conforme la règle : les barquettes en aluminium peuvent s'utiliser au micro-ondes, à condition que les bords de ces récipients n'excèdent pas 3 cm de hauteur et que l'écart entre ces mêmes barquettes et les parois du four soit également de 3 cm.

Décongeler et réchauffer

Le four à micro-ondes est un appareil idéal pour décongeler et réchauffer des aliments. La position décongélation correspond au niveau de puissance le plus bas, de l'ordre de 100 à 180 W, selon l'appareil. Sur la plupart des fours, cette fonction est indiquée par une étoile et une goutte d'eau au-dessus d'une marmite stylisée. Le congélateur et le micro-ondes sont deux appareils complémentaires : des plats préparés et cuits à l'avance sont divisés en portions individuelles et conservés au congélateur. Avec le four à micro-ondes, on peut les décongeler rapidement sans altérer leur saveur.

Il est possible de décongeler et de cuire les aliments en même temps, ce qui se traduit par un gain de temps. Il suffit de régler le four sur le programme décongélation puis de faire cuire à la pleine puissance les aliments additionnés d'un peu d'eau ou de matière grasse, en les remuant plusieurs fois en cours de cuisson.

Il faut bien respecter les temps de décongélation indiqués.

Des produits tels que le pain, la viennoiserie, les gâteaux, etc. ramollissent souvent lors du processus de décongélation, raison pour laquelle il ne faut surtout pas les couvrir. Lorsque vous faites décongeler des aliments de différentes épaisseurs, comme le poulet ou les poissons, tirez parti du papier d'aluminium qui réfléchit les ondes et les empêche de pénétrer dans les chairs. Couvrez-en les parties les moins épaisses du poulet, par exemple les ailes et les cuisses, qui ainsi ne pourront pas cuire. Respectez impérativement un écart de sécurité par rapport aux parois du four.

Avec le four à micro-ondes, même le dernier arrivé peut manger chaud, et les horaires de repas peuvent ainsi s'adapter à l'emploi du temps des différents membres de la famille.

Les aliments grillés, panés et gratinés doivent toujours être réchauffés à découvert. Tous les autres, au contraire, doivent être couverts afin d'éviter leur dessèchement. Vous trouverez aux pages suivantes des tableaux avec les principales indications relatives à la décongélation et au réchauffage des aliments.

Tableaux

DÉCONGELER
Température des surgelés -18 °C
Puissance 100/150 W

Aliment	Quantité	Temps en minutes	Remarques
Produits de boulangerie			
PETITS PAINS	4	3–5	TEMPS DE REPOS 8–10 MIN.
PAINS BIS	500 G	9–11	TEMPS DE REPOS 15 MIN.
PAIN DE MIE/ PAIN BLANC	500 G	8–9	TEMPS DE REPOS 10–12 MIN.
BISCUITS	4	5–6	TEMPS DE REPOS 8 MIN.
GÂTEAU AUX FRUITS	4 PORTIONS	8–10	TEMPS DE REPOS 12 MIN.
TARTE	4 PORTIONS	2–4	TEMPS DE REPOS 8 MIN.
Plats cuisinés			
SOUPE	1/2 L	6–8	
PLAT MIJOTÉ	1/2 L	6–8	
GRATIN	500 G	7–9	
PLAT DE PÂTES	500 G	7–9	
PIZZA	300 G	2–3	
BOULETTES DE VIANDE	500 G	4–5	
FRICADELLES	4	4–5	
Poisson			
TRUITE	250 G	6–8	
FILET DE POISSON	250 G	6–8	
POISSON	500 G	13–16	
CREVETTES	200 G	5–7	
Viandes			
HACHIS	500 G	12–15	
VEAU	500 G	12–15	TEMPS DE REPOS 8 MIN.
BŒUF	500 G	12–15	TEMPS DE REPOS 8 MIN.
ESCALOPE	200 G	4–6	
GOULASCH	500 G	10–12	TEMPS DE REPOS 8 MIN.
STEAK	200 G	3–4	
Volailles			
POULET ENTIER	ENV. 1 200 G	19–22	TEMPS DE REPOS 10 MIN.
POULET	4 CUISSES	16–20	TEMPS DE REPOS 10 MIN.
CUISSE DE DINDE	500 G	9–11	TEMPS DE REPOS 8 MIN.
CANARD	1 500– 2 000 G	35–40	TEMPS DE REPOS 15 MIN.
OIE	2 500– 3 000 G	45–50	TEMPS DE REPOS 20 MIN.
POULE À BOUILLIR	ENV. 1 500 G	25–30	TEMPS DE REPOS 15 MIN.
FRICASSÉE DE DINDE OU DE POULET	200 G	4–6	
Légumes			
CHOU VERT	500 G	13–15	TEMPS DE REPOS 5 MIN.
CHOU-RAVE	500 G	13–15	TEMPS DE REPOS 5 MIN.
CHOU-FLEUR	500 G	13–15	TEMPS DE REPOS 5 MIN.
CHOU DE BRUXELLES	500 G	13–15	TEMPS DE REPOS 5 MIN.
CHOU FRISÉ	500 G	13–15	TEMPS DE REPOS 5 MIN.
CHOU ROUGE	500 G	13–15	TEMPS DE REPOS 5 MIN.
POIREAU	500 G	13–15	TEMPS DE REPOS 5 MIN.
PETITS POIS	500 G	10–12	TEMPS DE REPOS 5 MIN.
HARICOTS	500 G	10–12	TEMPS DE REPOS 5 MIN.
CAROTTES	500 G	13–15	TEMPS DE REPOS 5 MIN.
ÉPINARDS	500 G	10–12	TEMPS DE REPOS 5 MIN.
ASPERGES	500 G	13–15	TEMPS DE REPOS 5 MIN.

Aliment	Quantité	Temps en minutes	Remarques
Produits laitiers			
BEURRE	250 G	2–3	
CRÈME	1/4 L	4–5	TEMPS DE REPOS 3 MIN.
FROMAGE BLANC	250 G	4–5	TEMPS DE REPOS 5 MIN.
Fruits			
FRUITS À NOYAU	500 G	6–8	TEMPS DE REPOS 6 MIN.
BAIES	500 G	8–10	TEMPS DE REPOS 6 MIN.
Gibier			
LAPIN (MORCEAUX)	1 000 G	10–15	TEMPS DE REPOS 12 MIN.
RÂBLE/DOS DE LIÈVRE	500 G	10–15	TEMPS DE REPOS 12 MIN.
SANGLIER	ENV. 1 500 G	35–40	TEMPS DE REPOS 15–20 MIN.
CUISSOT DE CHEVREUIL	ENV. 1 500 G	35–40	TEMPS DE REPOS 15–20 MIN.
RÔTI	500 G	10–15	TEMPS DE REPOS 12 MIN.
GOULASCH	500 G	10–15	TEMPS DE REPOS 12 MIN.
CANARD SAUVAGE	ENV. 1 000 G	15–20	TEMPS DE REPOS 12 MIN.
FAISAN	ENV. 800 G	15–20	TEMPS DE REPOS 12 MIN.

RÉCHAUFFER
Aliments à température ambiante
Puissance 600/650 W

Aliment	Quantité	Temps en minutes	Remarques
PLAT CUISINÉ	1 PORTION	1,5–3,5	COUVRIR
POMMES DE TERRE	500 G	5–7	AJOUTER UN PEU D'EAU + COUVRIR
RIZ	500 G	5–7	AJOUTER UN PEU D'EAU + COUVRIR
PÂTES	500 G	4–6	AJOUTER UN PEU D'EAU + COUVRIR
LÉGUMES	500 G	3–5	IDEM., REMUER 2 À 3 FOIS
POISSON FRIT	500 G	3–4	AJOUTER UN PEU D'EAU, NE PAS COUVRIR
PLATS MIJOTÉS	1/2 L	4–6	AJOUTER UN PEU D'EAU, NE PAS COUVRIR
SOUPE	1/2 L	3–5	IDEM., REMUER 2 À 3 FOIS
RÔTI	500 G	5–7	IDEM., BADIGEONNER DE GRAS
ESCALOPE/COTELETTE	200 G	1,5–2,5	AJOUTER UN PEU D'EAU, NE PAS COUVRIR
PETITS POTS POUR BÉBÉS	200 G	1,5–2	NE PAS COUVRIR, REMUER 1 FOIS
BIBERON	250 ML	1–2	SECOUER LE RÉCIPIENT, VÉRIFIER LA TEMPÉRATURE
EAU	1/4 L	2–3	REMUER EN FIN DE CUISSON
CAFÉ	1/4 L	1–2	REMUER EN FIN DE CUISSON
THÉ	1/4 L	1–2	REMUER EN FIN DE CUISSON
LAIT	1/4 L	1–2	REMUER EN FIN DE CUISSON
VIN CHAUD	1/4 L	2–3	REMUER EN FIN DE CUISSON
GROG	1/4 L	2–3	REMUER EN FIN DE CUISSON
SAUCES	1/4 L	1–2,5	COUVRIR, REMUER 1 FOIS
SAUCISSES	4	3–4	PERCER LA PEAU
		100/ 150 W	

CUIRE

Pendant la cuisson, les micro-ondes agissent sur les molécules des aliments qui s'agitent, se frottent frénétiquement les unes aux autres et s'échauffent. Le dégagement de chaleur intervient au cœur même des aliments, d'où les temps de cuisson extrêmement brefs.

Comme on n'utilise qu'une toute petite quantité d'eau ou de matière grasse, la cuisine au micro-ondes préserve vitamines, saveur et sels minéraux tout en restant synonyme de légèreté.

Si un aliment ne paraît toutefois pas assez cuit, n'hésitez pas à le remettre un instant au four.

Beaucoup de fours à micro-ondes sont équipés d'un plateau tournant qui a l'avantage d'assurer une cuisson plus régulière. Néanmoins, pour une meilleure pénétration des micro-ondes, il est préférable de remuer ou de retourner les aliments de temps à autre.

Le temps de cuisson est fonction de la quantité et de la nature des aliments. Plus ils contiennent d'eau et plus ils cuisent vite, comme lorsque les portions sont petites.

Généralement, les aliments cuisent à couvert. ce qui les empêche de dessécher. Si ce n'est pas le cas, une indication figure dans les recettes que nous avons sélectionnées.

La température initiale des aliments joue également un rôle important. Les aliments portés à température ambiante avant d'être enfournés cuisent plus rapidement que ceux qui sortent du réfrigérateur.

Sauf indication contraire, nous avons utilisé des aliments à température ambiante ou des surgelés dont la température initiale est de – 18 °C.

Au temps de cuisson s'ajoute toujours un temps de repos. Tout aliment continue de cuire après sa sortie du four. Tenez-en compte et attendez 2 à 3 minutes que la cuisson s'achève. Laissez aussi le plat couvert un moment. Ça favorise une bonne diffusion de la chaleur. Attention de ne pas vous brûler ! L'intérieur du four reste froid et les récipients en plastique ne chauffent guère, mais il peut arriver que la chaleur des aliments se propage aux plats qui les contiennent. Attention également à la vapeur qui s'est accumulée dans le récipient, lors de la cuisson ! Retirez prudemment le couvercle ou le film rétractable.

Le four à micro-ondes – et c'est un inconvénient – ne permet pas de faire rissoler ou dorer les aliments comme un four traditionnel. Vous ne devez pas renoncer pour autant au plaisir de manger un poulet bien croustillant par exemple. Il suffit d'associer deux modes de cuisson, c'est-à-dire de faire dorer le poulet de manière traditionnelle, à la poêle ou dans un faitout. Pour faire rissoler les aliments, utilisez un plat brunisseur qu'il faut mettre à chauffer – vide ! – à pleine puissance. Le fond du plat est alors porté à 350-400 °C. Placez-y les aliments et retournez-les pour leur assurer une certaine coloration. Certains fours à micro-ondes sont dotés d'un gril. Badigeonné d'œuf et saupoudré de fromage, un gratin sera encore plus appétissant.

Tableaux

CUIRE
Aliments à température ambiante
Puissance 600/650 W

Aliment	Quantité	Niveau de puissance	Temps en minutes
Garnitures			
POMMES DE TERRE EN ROBE DES CHAMPS	500 G	100 %	10-12
RIZ	500 G	75 %	15-18
PÂTES	500 G	75 %	15-18
Poisson			
TRUITES	2 = 500 G	75 %	6-8
FILET DE POISSON	500 G	100 %	4-8
GRATIN DE POISSON	500 G	75 %	4-6
SOUPE DE POISSON	1/2 L	75 %	5-10
MATELOTE	1/2 L	100 %	4-8
Viandes			
HACHIS	6-8 =		
– BOULETTES	500 G	100 %	10-13
– EN TERRINE	500 G	100 %	15-20
– GRATINÉ	500 G	100 %	12-15
VEAU			
– BRAISÉ	500 G	100 %	12-18
– RÔTI	500 G	100 %	12-18
BŒUF			
– BRAISÉ	500 G	75 %	15-20
– RÔTI	500 G	75 %	15-20
ROULADES	4 = 500 G	75 %	15-18
PORC			
– BRAISÉ	500 G	75 %	15-18
– RÔTI	500 G	75 %	15-18
– TRANCHES	4 = 500 G	100 %	14-16
– CÔTELETTES	4 = 500 G	100 %	14-16
GOULASCH	500 G	75 %	15-20
STEAK	4 = 500 G	100 %	10-15
Volailles			
POULET			
– ENTIER	1000 G	75 %	20-25
– CUISSES	4 = 1000 G	100 %	12-15
– BLANC	180 G	75 %	6-8
POULE À BOUILLIR	1500 G	75 %	30-35
DINDE			
– RÔTIE	500 G	75 %	15-20
– CUISSE	600 G	75 %	10-15
– ESCALOPES	2 à 180 G	100 %	6-10
CANARD	1500 G	75%	35-40

Aliment	Quantité	Niveau de puissance	Temps en minutes
Légumes			
CHOU VERT	500 G	100 %	6-8
CHOU-RAVE	500 G	100 %	8-10
CHOU-FLEUR	500 G	100 %	6-8
CHOUX DE BRUXELLES	500 G	100 %	6-8
CHOU FRISÉ	500 G	100 %	6-8
CHOU ROUGE	500 G	100 %	6-8
POIREAU	500 G	100 %	8-10
PETITS POIS	500 G	100 %	10-15
HARICOTS	500 G	100 %	6-8
CAROTTES	500 G	100 %	10-12
ÉPINARDS	500 G	100 %	6-10
ASPERGES	500 G	100 %	8-10
CHAMPIGNONS	500 G	100 %	6-8
Fruits			
COMPOTE	500 G	100 %	12-15
MARMELADE	500 G	100 %	5-6
POMMES CUITES	4	100 %	7-8
Gibier			
LAPIN			
– EN GIBELOTTE	1000 G	75 %	30-35
– BRAISÉ	1000 G	75 %	30-35
CUISSES DE LIÈVRE	2 à 200 G	75 %	15-20
– DOS	800 G	75 %	10-15
CUISSE DE SANGLIER	1500 G	75 %	35-40
RÔTI	500 G	75 %	25-30
GOULASCH	500 G	75 %	20-25
CANARD SAUVAGE	800 G	75 %	25-30

Si la puissance de votre four à micro-ondes est inférieure ou supérieure à 600 W, il vous faut modifier les temps de cuisson en considérant qu'une différence de 50 W correspond à 10 % de temps de cuisson en plus ou en moins.

Si le temps de cuisson indiqué pour une recette est de 10 minutes et que vous utilisez un four de 800 W, faites le calcul suivant : 800 W = 4 x 50 W de puissance supplémentaire = 40 % de temps de cuisson en moins = 10 minutes moins 4, soit 6 minutes.

Les niveaux de puissance indiqués dans les recettes correspondent à ce qui suit :
100 % = 600 W; 75 % = 450 W.

Micro-ondes combiné

Toute cuisinière expérimentée sait cuire, rôtir ou faire gratiner des aliments dans un four traditionnel, quel que soit le modèle, en tirant parti de la chaleur tournante ou pulsée et de celle diffusée en voûte ou en sole. Le four à micro-ondes est un appareil complémentaire très appréciable. Inutile d'être un spécialiste pour en maîtriser rapidement le fonctionnement. En l'utilisant régulièrement, vous vous familiariserez à son maniement, vous saurez rapidement évaluer ses performances et vous n'hésiterez plus sur les temps de cuisson.

Il existe également des modèles combinés qui allient les avantages d'un four à micro-ondes classique, très pratique pour décongeler et chauffer rapidement des aliments, et les atouts d'un four traditionnel pour une cuisson et une coloration parfaites des rôtis, des gratins et autres plats.

Pour récapituler, disons que le four à micro-ondes permet de cuire les aliments rapidement et avec peu de matière grasse. Les fruits, par exemple, conservent leur saveur, leur consistance, leur goût et leurs belles couleurs. Le micro-ondes permet de réchauffer une portion directement dans le plat de service ou l'assiette. Il se prête à une décongélation rapide et permet d'amorcer une cuisson que l'on poursuivra dans un four traditionnel. Il tient compte de l'évolution du mode d'alimentation et de l'individualisation des repas. L'avantage majeur du four à micro-ondes est le gain de temps.

Conseils et astuces

Assaisonner

Le micro-ondes accentue la saveur des épices et des aromates. Faites attention à ne pas avoir la main trop lourde, sur le sel notamment.

Assiettes

Si vous voulez servir un plat sur des assiettes chaudes, il suffit de les humidifier et de les placer durant 50 secondes au micro-ondes.

Beurre

Quelques secondes au micro-ondes suffisent pour que le beurre, sorti du réfrigérateur, se laisse tartiner facilement.

Boissons

Réchauffées au micro-ondes, des boissons comme le café, le thé ou le cacao conservent toute leur saveur. Placez au micro-ondes la tasse et la sous-tasse. Comme seule la tasse absorbe la chaleur de la boisson, vous pouvez saisir la sous-tasse sans problème puisqu'elle reste froide.

Couvrir

Il faut faire cuire ou décongeler à couvert des aliments ayant différentes épaisseurs, tels le poisson ou la volaille. Cela les empêche de dessécher et évite une précuisson durant la décongélation. Si vous n'avez pas de couvercle à la dimension du plat, servez-vous d'une assiette ou d'un film transparent. Percé de quelques trous, ce film a l'avantage d'assurer une évaporation souvent nécessaire.

Décongeler

Retirer les surgelés de leur emballage. Mettez-les dans une passoire en matière plastique pour pouvoir éliminer l'eau qu'ils « rejettent » et éviter une cuisson involontaire.

Disposition

Lorsque vous utilisez plusieurs petits récipients, disposez-les en cercle dans le four pour garantir une pénétration plus régulière des ondes dans les aliments. Dans un même plat, disposez également le contenu en cercle (pommes de terre ou poivrons par exemple).

Éclater

Pour éviter que des aliments à la peau dure n'éclatent (tomates, pommes de terre, saucisses, etc.), piquez-les en plusieurs endroits avec la pointe d'un couteau.

Fondre

Le chocolat fond très bien au micro-ondes. Comptez 2 minutes à pleine puissance et remuez une fois.

Gratins

Utilisez un plat rond et peu profond. Veillez à répartir les ingrédients en couches bien régulières.

Griller + sécher

Le four à micro-ondes est très pratique pour faire griller à sec des amandes, des pépins de courge, des pignons, pour préparer des croûtons ou encore pour déshydrater des fruits, des champignons et des fines herbes. Il est toutefois difficile d'indiquer un temps de « cuisson », qui est fonction de différents paramètres : quantité, degré de maturité, grosseur, etc. Comptez pour commencer 2 à 4 minutes à pleine puissance et prolongez éventuellement jusqu'à ce que vous ayez obtenu le résultat escompté.

Grosseur

Coupez les aliments en morceaux de même grosseur pour qu'ils cuisent tous en même temps.

Liquide

N'ajoutez que très peu de liquide aux aliments que vous cuisez au micro-ondes. Les légumes en parti-culier conservent ainsi leurs vita-mines et leurs sels minéraux.

Maniques

Par mesure de précaution, utilisez des maniques pour retirez un plat du four, les aliments pouvant chauf-fer le récipient qui les contient.

Mesures de sécurité

Ne faites jamais fonctionner votre four à vide. Ne le branchez que lorsque vous en avez besoin. Faites-le vérifier de temps à autre par un technicien. Nettoyez bien les joints d'étanchéité des portes.

Œufs

Ne jamais cuire des œufs dans leur coquille : ils éclateraient.

Plat brunisseur

Respectez les temps de préchauf-fage indiqués dans les recettes. Si vous faites cuire successivement plusieurs portions, réduisez de 30 à 40 % le temps indiqué.

Produits boulangers

Décongelez ces produits à décou-vert pour qu'ils ne ramollissent pas.

Puissance

La puissance restituée est indiquée par le fabricant en watts. Au diffé-rents niveaux de puissance corres-pondent un nombre de watts et une fonction précise :

W	Position	Fonction
100–180	1–2	Décongeler
200–300	3–4	Achever la cuisson
350–450	5–6	Réchauffer
500–650	7–8	Cuire
700–850	9	Puissance maxi

Plus la puissance est élevée, plus l'appareil est performant. Sur cer-tains modèles, le réglage de la puissance est indiqué en pourcen-tage (par exemple 15 %, 25 %, 50 %, 75 % et 100 %).

Certains fours à micro-ondes ont une puissance restituée de 1 000 watts. Ne branchez l'appareil à pleine puissance (100 %) que pour faire chauffer des liquides.

Récipients

Utilisez de préférence des réci-pients de forme ronde qui garantis-sent une cuisson plus régulière. Si vous vous servez de plats carrés ou rectangulaires, assurez-vous que les aliments cuisent uniformément. (Réduisez éventuellement la puis-sance s'ils cuisent trop vite sur les bords).

Rissoler

Le four à micro-ondes permet de faire rissoler des lardons. Compter 2 à 5 minutes de cuisson à découvert, à pleine puissance (600/650 W). Posez quand même sur le plat du papier absor-bant pour protéger les parois du four des projections de graisse.

Température initiale

Elle a une incidence sur le temps de cuisson des aliments. Les produits à température ambiante cuisent plus vite que ceux conservés au réfrigé-rateur jusqu'à leur emploi.

Temps de repos

Vous savez que les aliments conti-nuent de cuire quelques minutes, hors du four. Il est indispensable de les laisser reposer à couvert avant de les servir.

Entrées

Des préparations exquises qui composent l'ouverture gastronomique d'un repas de fête ou qui se dégustent comme plat unique, le soir. Brochettes de lieu pimenté, gambas gratinées et vol-au-vent au homard ou aux crevettes sauront vous mettre en appétit ou encore apaiser votre faim.

Tranches de bœuf sauce verte

■ **Pour 4 portions**

Assortiment de légumes

1 oignon

2 l d'eau

Sel, poivre

5 baies de genièvre

2 clous de girofle

1 kg de poitrine de bœuf

1 gousse d'ail

50 g d'oignons

80 g de poivron rouge

1/8 l d'huile d'olive

1 bouquet de fines herbes

2 c.s. de câpres

2 filets d'anchois

Temps de cuisson : 35 minutes en tout

Par portion env. 879 kcal/3 679 kj P : 61 g, L : 64 g, G : 12 g

1 Dans un plat à micro-ondes, disposer les légumes lavés et coupés en brunoise, de même que l'oignon émincé. Verser l'eau. Saler, poivrer et ajouter les baies de genièvre et les clous de girofle.

2 Plonger la pièce de bœuf dans l'eau. Faire cuire à couvert 30 à 35 minutes, à 75 %.

3 Émincer l'ail et les oignons. Couper le poivron en morceaux.

4 Verser l'huile dans un plat à micro-ondes. Ajouter l'ail, les oignons et le poivron. Faire cuire 3 à 4 minutes, à pleine puissance.

5 Laisser refroidir puis ajouter les fines herbes, les câpres et les filets d'anchois écrasés. Servir avec les tranches de bœuf.

35 min.

Sauce Dumas

Faire chauffer 3 à 4 minutes, à pleine puissance, 1/4 l de sauce à rôti prête à l'emploi avec 1 poivron coupé en lanières. Mouiller avec 1 tasse de vin blanc. Ajouter 1 tasse de grains de maïs, 1 botte de ciboulette hachée et 1/8 l de crème fleurette. Faire réduire 2 à 3 minutes à 75 %. Pour finir, ajouter 4 cuillerées à soupe de pousses de soja.

Sauce cresson

Faire fondre 2 à 3 minutes, à pleine puissance, 2 cuillerées à soupe de beurre et 1 oignon et demi haché. Ajouter 1 tasse de sauce claire (produit industriel), 1 pot de crème fraîche et du cresson ciselé. Saler et poivrer. Compter 1 à 2 minutes de cuisson à pleine puissance.

Sauce lard et olives

Faire fondre 100 g de lard, durant 2 à 3 minutes à pleine puissance. Ajouter 1 verre d'olives noires, 1 tasse de sauce à rôti prête à l'emploi, quelques gouttes de vin rouge et 1/2 cuillerée à café de basilic ciselé. Saler et poivrer. Faire chauffer 2 minutes à 75 %. Rectifier l'assaisonnement avec du sucre et de la ciboulette ciselée.

Sauce crevettes

Faire chauffer 1 à 2 minutes, à pleine puissance, 1 cuillerée à soupe de beurre. Faire revenir 100 g de crevettes 3 à 5 minutes, puis une moitié de poireau coupé en lanières. Ajouter 1 tasse de sauce claire (produit industriel) et porter à ébullition. Saler, poivrer et assaisonner de curry. Incorporer de l'aneth ciselé.

Brochettes de lieu pimenté

■ **Pour 4 portions**

600 g de filet de lieu
2 citrons
250 g de champignons
de Paris
1 poivron rouge
1 poivron jaune
4 c.s. d'huile
Sucre
Piment
1 l de bouillon de viande
3 c.s. de sauce soja

Temps de cuisson :
8 minutes en tout

Par portion
env. 279 kcal/1 169 kj
P : 30 g, L : 11 g, G : 8 g

1 Laver les filets à l'eau courante froide et les tamponner pour les sécher. Presser les 2 citrons et verser le jus sur les filets.

2 Nettoyer les champignons, les laver et bien les égoutter. Laver les poivrons, les couper en deux puis grossièrement en morceaux après les avoir épépinés.

3 Couper les filets en morceaux. Verser l'huile dans un plat à micro-ondes et y faire revenir 1 à 2 minutes les filets, les champignons et les poivrons. Saupoudrer de sucre et assaisonner de piment.

4 Mouiller avec le bouillon de viande et cuire à couvert 6 à 8 minutes, à 75 %.

5 Préparer des brochettes en faisant alterner le poisson, les champignons et les poivrons, puis servir.

8 min.

Champignons à la crème

1 Couper en petits morceaux la saucisse à cuire. Peler et émincer les oignons. Faire égoutter les champignons dans une passoire.

2 Beurrer un plat à gratin. Y mettre à cuire la saucisse, les oignons et les champignons. Répartir le beurre restant. Faire cuire à couvert 3 à 5 minutes, à pleine puissance.

3 Mélanger la crème fermentée, la moutarde et le sucre. Incorporer le mélange saucisse-oignons-champignons. Compter 2 à 3 minutes de cuisson tout en remuant de temps à autre.

4 Parsemer de persil haché et servir.

7 min.

■ **Pour 4 portions**

500 g de saucisse à cuire
2 à 3 oignons
1 boîte de champignons de Paris
2 c.s. de beurre
2 pots de crème fermentée
1 c.s. de moutarde
1 pincée de sucre
1 c.s. de persil haché

Temps de cuisson :
7 minutes en tout

Par portion
env. 511 kcal/2 139 kj
P : 23 g, L : 45 g, G : 3 g

Brochettes de gambas

■ **Pour 4 portions**

2 c.s. de beurre

24 gambas prêtes à l'emploi

Sel

Poivre

24 feuilles de pissenlit

1 citron

2 c.s. de fines herbes ciselées (p. ex. aneth, marjolaine, persil, coriandre)

Temps de cuisson : 8 minutes en tout

Par portion env. 232 kcal/974 kj P : 26 g, L : 12 g, G : 2 g

1 Dans un plat brunisseur, faire fondre le beurre 1 à 2 minutes à pleine puissance. Y faire revenir les gambas 2 à 3 minutes. Saler et poivrer.

2 Faire des brochettes en alternant gambas et feuilles de pissenlit. Les faire cuire 3 à 5 minutes au micro-ondes.

3 Couper le citron en huit et garnir chaque brochette de deux quartiers de citron.

4 Servir les brochettes parsemées de persil ciselé.

8 min.

Brochettes de gambas au lard

■ **Pour 4 portions**

16 gambas prêtes à l'emploi

Sel

Poivre

2 c.s. de beurre

1 poivron rouge

100 g de lard maigre en tranches

1 poireau

2 c.s. de fines herbes ciselées (p. ex. persil, sarriette)

Temps de cuisson : 8 minutes en tout

Par portion env. 271 kcal/1 137 kj P : 24 g, L : 17 g, G : 2 g

1 Saler et poivrer les gambas. Dans un plat brunisseur, faire fondre le beurre 1 à 2 minutes à pleine puissance, puis y faire revenir les gambas 2 à 3 minutes.

2 Laver le poivron, le couper en deux puis en morceaux après l'avoir épépiné. Préparer 4 brochettes en faisant alterner les gambas et les morceaux de poivron.

3 Les enrober de lard. Nettoyer le poireau, le laver, le couper en lanières et le répartir sur les brochettes.

4 Faire cuire les brochettes 3 à 5 minutes, à couvert, à pleine puissance. Les servir parsemées de fines herbes.

8 min.

Gambas gratinées

■ **Pour 4 portions**

1/2 courgette

1 poivron

100 g de champignons
de Paris

1 ou 2 oignons frais

2 c.s. de beurre

16 gambas prêtes
à l'emploi

Sel

Poivre

100 g de fromage râpé

2 c.s. de fines
herbes ciselées
(p. ex. persil, ciboulette,
marjolaine)

Temps de cuisson :
7 minutes en tout

Par portion
env. 22 kcal/1 057 kj
P : 28 g, L : 13 g, G : 2 g

1 Laver les courgettes, les couper en deux puis en tranches. Laver le poivron, le couper en deux puis en morceaux après l'avoir épépiné.

2 Nettoyer les champignons, peler les oignons et les couper en huit. Dans un plat brunisseur, faire fondre le beurre à pleine puissance.

3 Préparer les brochettes en faisant alterner les gambas, les légumes et les champignons. Saler et poivrer. Faire cuire 3 à 5 minutes à pleine puissance.

4 Saupoudrer de fromage râpé et faire gratiner 2 à 3 minutes. Au moment de servir, parsemer les brochettes de fines herbes.

5 min.   2 min.

Pâtes au jambon de Parme

1 Faire cuire les pâtes 15 à 20 minutes, à 75 %, dans une assez grande quantité d'eau salée, puis les réserver au chaud.

2 Entre-temps, éplucher le céleri et l'oignon et les couper en brunoise. Débiter le jambon en lanières.

3 Dans un plat brunisseur, faire revenir le céleri et l'oignon dans du beurre, 4 à 5 minutes. Saler et poivrer.

4 Mouiller avec le vin blanc et ajouter les tomates. Compter 3 minutes de cuisson supplémentaires. Incorporer la crème fraîche et rectifier éventuellement l'assaisonnement en sel et en poivre.

5 Servir les pâtes dans des assiettes préchauffées. Les napper de sauce et les saupoudrer de parmesan.

17 min.   8 min.

■ **Pour 4 portions**

440 g de pâtes en torsade

150 g de céleri

1 oignon

100 g de jambon de Parme

20 g de beurre

Sel

Poivre

150 ml de vin blanc

1 boîte de tomates épluchées

100 g de crème fraîche

50 g de parmesan

Temps de cuisson :
25 minutes en tout

Par portion
env. 459 kcal/1 922 kj
P : 20 g, L : 23 g, G : 34 g

Vol-au-vent au homard

■ **Pour 4 portions**

2 c.s. de beurre

400 g de chair de homard

Sel

Poivre

3/4 l de crème

2 pêches

1 grosse pomme

1 c.s. de calvados

2 jaunes d'œufs

4 croûtes en pâte feuilletée (produit industriel)

Temps de cuisson :
12 minutes en tout

Par portion
env. 1 073 kcal/4 494 kj
P : 28 g, L : 87 g, G : 37 g

1 Dans un plat brunisseur, faire fondre le beurre environ 1 minute, à pleine puissance. Ajouter la chair de homard et la faire cuire à couvert 6 à 7 minutes. Saler et poivrer. Verser la crème et compter 2 à 3 minutes de cuisson supplémentaires.

2 Couper les pêches en deux. Eliminér le noyau et la peau, puis couper la pulpe en petits dés.

3 Éplucher les pommes. Ôter le cœur. Les couper également en petits dés.

4 Ajouter les fruits à la préparation et compter 1 à 2 minutes pour qu'ils chauffent. Aromatiser la sauce avec le calvados et la lier avec les jaunes d'œufs.

5 Garnir de cette préparation les croûtes en pâte feuilletée.

12 min.

Vol-au-vent aux crevettes

■ **Pour 4 portions**

1 c.c. de beurre

1 tasse de bouillon de viande

1 c.s. de farine

1 verre de vin blanc

2 jaunes d'œufs

Sel

Poivre

2 c.s. d'oignons grelots

1 boîte de champignons en tranches

12 scampis (prêts à l'emploi)

4 croûtes en pâte feuilletée (produit industriel)

1 c.c. de persil haché

Temps de cuisson :
3 minutes en tout

Par portion
env. 646 kcal/2 707 kj
P : 24 g, L : 38 g, G : 38 g

1 Dans un plat brunisseur, faire fondre le beurre environ 1 minute, à pleine puissance. Mouiller avec le bouillon.

2 Incorporer la farine délayée dans le vin blanc et faire bouillir pendant 1 à 2 minutes, sans cesser de remuer. Lier la sauce avec les jaunes d'œufs et forcer sur le poivre.

3 Ajouter les oignons coupés en quatre, les champignons en tranches et les scampis et attendre que ces ingrédients aient chauffé.

4 Garnir de cette préparation les croûtes en pâte feuilletée. Les servir bien chaudes, parsemées de persil.

3 min.

Vol-au-vent chasseur

■ **Pour 4 portions**

75 g de lard maigre fumé

1 petit oignon

500 g de cèpes

1 c.s. de persil haché

100 g de crème fraîche

2 jaunes d'œufs

Sel

Poivre

4 croûtes en pâte feuilletée (produit industriel)

Temps de cuisson : 13 minutes en tout

Par portion env. 624 kcal/2 615 kj P : 16 g, F : 42 g, G : 39 g

1 Dans un plat brunisseur, faire fondre le lard coupé finement. Ajouter l'oignon pelé et émincé.

2 Nettoyer les champignons, les escaloper et les ajouter. Compter 8 à 9 minutes de cuisson, à pleine puissance.

3 Ajouter la moitié du persil haché et la crème. Poursuivre la cuisson environ 1 à 2 minutes puis lier avec les jaunes d'œufs. Saler et forcer sur le poivre.

4 Garnir de cette préparation les croûtes en pâte feuilletée et les parsemer du persil restant.

13 min.

Crevettes au cerfeuil

1 Beurrer 4 ramequins d'environ 9 cm de diamètre. Y disposer les crevettes.

2 Nettoyer le poireau, le laver et le couper en rondelles. Couper les tranches d'ananas en petits morceaux. Laver l'aneth et le ciseler.

3 Bien mélanger les morceaux d'ananas, l'aneth et le maïs et répartir le tout sur les crevettes. Délayer la fécule dans le fumet, ajouter la crème et le cerfeuil et napper les crevettes de ce mélange.

4 Faire cuire au bain-marie 12 à 15 minutes, à pleine puissance.

13 min

■ **Pour 4 portions**

2 c.s. de beurre

250 g de crevettes décortiquées

1 poireau

4 tranches d'ananas

1 bouquet d'aneth

100 g de maïs en grains

1 tasse de fumet de poisson

1 c.c. de fécule

1 tasse de crème fleurette

1/2 bouquet de cerfeuil haché

Temps de cuisson :
13 minutes en tout

Par portion
env. 341 kcal/1 428 kj
P : 16 g, L : 17 g, G : 28 g

Crêpes au thon

■ **Pour 4 portions**

Pour la pâte :

150 g de farine

3 œufs

1/8 l de lait

Sel

Pour la garniture :

100 g d'oignons

100 g de champignons de Paris frais

2 c.s. de beurre

2 boîtes de thon

1 c.s. de crème fraîche

Feuilles de salade et tomates pour garnir

Temps de cuisson : 9 minutes en tout

Par portion env. 510 kcal/2 134 kj P : 30 g, L : 27 g, G : 31 g

1 Verser la farine dans un saladier. Ajouter les œufs, le lait et une pincée de sel. Remuer au fouet jusqu'à obtention d'un mélange homogène.

2 Étaler finement la pâte sur des assiettes et la faire cuire 3 à 4 minutes, à pleine puissance.

3 Peler les oignons et les émincer. Nettoyer les champignons, les laver, bien les égoutter et les escaloper.

4 Dans un plat brunisseur, faire fondre le beurre 1 à 2 minutes à pleine puissance.

5 Faire revenir au beurre, 3 à 4 minutes, les oignons et les champignons. Ajouter le thon et la crème fraîche et bien mélanger tous les ingrédients.

6 Fourrer les crêpes de ce mélange. Les dresser sur des assiettes et les servir avec des feuilles de salade et des tomates coupées en deux.

9 min

Soupes et consommés

Les soupes sont très appréciées, et pas seulement en hiver. Les potages clairs à base de poisson, les bouillons de viande et de légumes ouvrent l'appétit.

Certaines soupes très copieuses peuvent être servies comme plat unique. Vous trouverez certainement en toutes circonstances une préparation à votre goût.

Pour être appréciés, les soupes et les consommés doivent être servis bien chauds.

Consommé aux petits légumes

■ **Pour 4 portions**

150 g de lard

1 oignon

1 kg de légumes frais (carottes, poireau, chou-fleur, céleri, chou vert)

500 g de pommes de terre

150 g de haricots blancs

1 l de bouillon de viande

2 c.s. de persil

2 c.s. de basilic

2 c.s. de marjolaine

150 g de pâtes à potage

Temps de cuisson : 13 minutes en tout

Par portion env. 481 kcal/2 013 kj P : 25 g, L : 16 g, G : 56 g

1 Couper le lard en petits morceaux. Dans un plat brunisseur, faire rissoler les lardons 1 à 2 minutes, à pleine puissance.

2 Peler et émincer l'oignon, le faire revenir brièvement avec le lard.

3 Nettoyer les légumes, les laver et les couper en brunoise. Éplucher les pommes de terre et les couper en petits dés.

4 Réunir les légumes, les pommes de terre et les haricots dans un plat brunisseur. Mouiller avec le bouillon de viande et parsemer d'herbes ciselées. Ajouter les pâtes à potage et faire cuire 10 à 12 minutes à pleine puissance.

5 Peu avant la fin de la cuisson, ajouter le mélange lardons-oignon.

11 min.	2 min.	

Fond de volaille

Plonger une poule à bouillir (env. 2 kg) dans 1,5 l d'eau froide que l'on porte à ébullition au four à micro-ondes. Écumer puis ajouter 250 g de légumes (carotte, oignons frais, poireau). Saler et compter 40 à 50 minutes de cuisson. Écumer et filtrer avant de servir.

Fond de gibier

Dans un plat brunisseur, faire chauffer 30 g de matière grasse. Y faire revenir 1,5 à 2 kg d'os et de carcasse de gibier. Ajouter 200 g de légumes (poireau, carotte, oignon) et les faire suer. Parsemer de romarin et de persil. Mouiller avec 200 ml de vin blanc et 2 l d'eau. Saler et laisser frémir 70 à 80 minutes, à 75 %. Filtrer impérativement avant toute utilisation.

Fumet de poisson

Mettre dans un plat 1 à 2 kg d'arêtes et de têtes de poisson lavées et grossièrement coupées. Couvrir avec 1,25 l d'eau et porter à ébullition (puissance 100 %). Ajouter 200 g de légumes (poireau, carotte, oignon), du sel, du persil et 1 feuille de laurier. Faire frémir 10 à 15 minutes, à 75 %. Filtrer avant utilisation.

Fond de veau

Mettre dans un plat 1 à 2 kg d'os de veau. Couvrir avec 2,5 l d'eau. Ajouter 200 g de légumes (poireau, carotte, oignon, céleri). Saler et poivrer. Faire cuire 40 à 50 minutes, à 75 %. Écumer de temps à autre. Filtrer avant utilisation.

Soupe de petit salé au maïs

■ **Pour 4 portions**

500 g de pommes de terre

200 g de petit salé

1 oignon

1/4 l d'eau

1/8 l de lait

1/8 l de crème fleurette

Sel

Poivre

1 boîte de maïs

4 c.s. de croûtons frits

Temps de cuisson :
16 minutes en tout

Par portion
env. 451 kcal / 1 888 kj
P : 16 g, L : 24 g, G : 42 g

1 Éplucher les pommes de terre, les laver et les couper finement.

2 Couper en dés le petit salé. Éplucher l'oignon et l'émincer.

3 Dans un plat brunisseur, faire rissoler le petit salé avec un peu de matière grasse, pendant 2 à 4 minutes à pleine puissance.

4 Ajouter les pommes de terre, l'eau, le lait et la crème. Saler et poivrer. Faire cuire à couvert 10 à 12 minutes, à pleine puissance.

5 Égoutter les grains de maïs dans une passoire, les ajouter à la préparation et les faire chauffer brièvement. Servir la soupe avec des croûtons grillés.

16 min.

Velouté de tomates

1 Peler et émincer les oignons. Laver les tomates, les entailler en croix, les ébouillanter brièvement, les peler et les concasser.

2 Nettoyer le céleri-branche, le laver et le couper finement.

3 Mettre les oignons, les tomates, le céleri et la feuille de laurier dans un plat brunisseur. Verser le fond de volaille.

4 Faire cuire à couvert 10 à 12 minutes, à pleine puissance.

5 Éliminer la feuille de laurier et mixer la soupe. Incorporer la crème fraîche. Saler, poivrer et saupoudrer de parmesan.

 12 min.		

■ **Pour 4 portions**

3 oignons

4 tomates

1 petit céleri-branche

1 l de fond de volaille

1 feuille de laurier

40 g de crème fraîche

Sel

Poivre noir

Parmesan râpé

Temps de cuisson :
12 minutes en tout

Par portion
env. 107 kcal/449 kj
P : 5 g, L : 6 g, G : 7 g

Consommé au cresson

■ **Pour 4 portions**

2 carottes

1 poireau

1 oignon

1 l de bouillon de viande

Sel

Poivre

1 clayette de cresson

Temps de cuisson :
7 minutes en tout

Par portion
env. 46 kcal/195 kj
P : 3 g, L : 1 g, G : 6 g

1 Nettoyer les légumes, les laver et les couper en brunoise.

2 Mettre le bouillon et les légumes dans un récipient à bord haut. Compter 6 à 8 minutes de cuisson, à pleine puissance. Saler et poivrer.

3 Quand les légumes sont cuits, passer le bouillon. Ajouter le cresson et servir le consommé bien chaud.

7 min.

Velouté aux fines herbes

1 Dans un plat brunisseur, faire fondre le beurre 1 à 2 minutes à pleine puissance.

2 Y faire revenir l'ail épluché et haché finement.

3 Ajouter les fines herbes ciselées ainsi que le cresson.

4 Mouiller avec le vin blanc et le bouillon. Porter brièvement à ébullition. Ajouter la crème. Saler et poivrer.

5 Servir la soupe parsemée de fines herbes.

5 min.

Conseil
Faire chauffer la crème sans la porter à ébullition pour préserver sa consistance.

■ Pour 4 portions

50 g de beurre

1 gousse d'ail

3 tasses de fines herbes ciselées

1 clayette de cresson

1/4 l de vin blanc

1/2 l de bouillon de légumes

1 pot de crème épaisse

Sel marin

Poivre

Temps de cuisson : 5 minutes en tout

Par portion env. 187 kcal/783 kj P : 4 g, L : 13 g, G : 4 g

Gratinée aux fruits de mer

**12 gambas prêtes
à l'emploi**

20 moules sans coquille

1 l de fumet de poisson

1 poireau

2 carottes

1 c.s. de ciboulette

1 c.s. de persil

Sel

Poivre

4 tranches de pain blanc

4 tranches de fromage

Temps de cuisson :
8 minutes en tout

Par portion
env. 703 kcal/2 942 kj
P : 46 g, L : 30 g, G : 53 g

1 Laver les crevettes, les mettre dans un plat à micro-ondes à bord haut, ainsi que les moules. Ajouter le fumet.

2 Nettoyer le poireau, le laver et le couper en rondelles. Laver les carottes, les éplucher et les tailler en bâtonnets.

3 Ajouter ces légumes ainsi que les fines herbes à la préparation. Saler et poivrer. Faire cuire à couvert 4 à 7 minutes, à pleine puissance.

4 Servir la soupe dans des bols prévus à cet effet. Ajouter à chaque portion une tranche de pain et poser dessus une tranche de fromage.

5 Faire gratiner au four à micro-ondes 2 à 3 minutes.

6 min.		2 min.

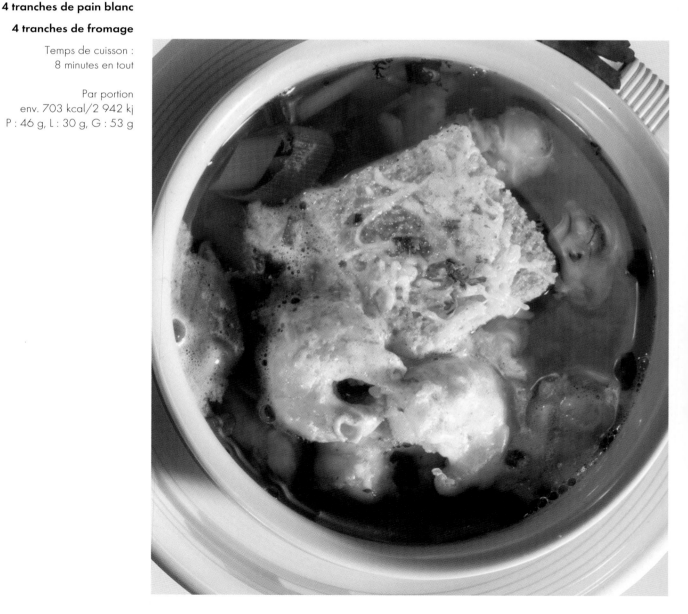

Soupe d'agneau à la bière

1 Couper la viande en morceaux. La saler et forcer sur le poivre.

2 Dans un plat brunisseur, faire revenir la viande, l'oignon et l'ail pressé pendant 7 à 8 minutes, à pleine puissance, en remuant fréquemment.

3 Mouiller avec la bière brune et compter 12 à 14 minutes de cuisson, à couvert.

4 Ajouter la crème et la faire chauffer à découvert.

5 Faire cuire le riz dans une grande quantité d'eau portée à ébullition. Compter 10 à 12 minutes, à 75 %. Quand le riz est cuit, l'assaisonner de paprika.

6 L'ajouter à la viande et servir.

11 min.	22 min.	

■ **Pour 4 portions**

1 kg d'agneau

2 c.s. d'huile

Sel

Poivre

1 oignon

1 gousse d'ail

4 c.s. de crème fleurette

1/2 l de bière brune

200 g de riz

2 c.c. de paprika

Temps de cuisson :
33 minutes en tout

Par portion
env. 858 kcal/3 799 kj
P : 49 g, L : 55 g, G : 44 g

Potage aux épinards

■ **Pour 4 portions**

150 g de lard maigre

1 c.s. de beurre

50 g d'oignons

750 g d'épinards

3/4 l de lait

2 c.s. de liant pour sauces

Sel

Poivre

Noix muscade

100 g de jambon cuit

2 œufs durs

Temps de cuisson :
14 minutes en tout

Par portion
env. 440 kcal/1 845 kj
P : 26 g, L : 30 g, G : 12 g

1 Dans un plat brunisseur, faire fondre le beurre. Couper le lard en morceaux et le faire revenir 2 minutes, à pleine puissance.

2 Peler et émincer les oignons. Les ajouter aux lardons et compter 2 minutes de cuisson supplémentaires.

3 Nettoyer, laver et bien égoutter les épinards puis les ajouter au mélange oignons-lardons et les faire cuire à couvert 7 à 8 minutes.

4 Ensuite, mixer les ingrédients.

5 Ajouter le lait dans lequel aura été délayé le liant pour sauces. Saler, poivrer et assaisonner de noix muscade. Prolonger la cuisson de 1 à 2 minutes.

6 Couper le jambon en lanières et les œufs en petits morceaux. Ajouter ces ingrédients au potage et servir.

14 min.

Potage fermier

1 Laver les poivrons, les couper en deux puis en morceaux une fois épépinés.

2 Dans un plat brunisseur, faire fondre le beurre. Ajouter les poivrons et le maïs et les faire revenir à couvert 8 minutes, à pleine puissance.

3 Mouiller avec le bouillon de veau et verser la crème. Prolonger la cuisson de 2 à 3 minutes.

4 Servir la soupe bien chaude avec les croûtons et le persil haché.

10 min.

■ **Pour 4 portions**

**3 poivrons
(1 rouge, 1 vert et
1 jaune)**

20 g de beurre

700 g de grains de maïs

**500 ml de bouillon
de veau**

1/8 l de crème fleurette

2 c.s. de persil haché

2 c.s. de croûtons grillés

Temps de cuisson :
10 minutes en tout

Par portion
env. 348 kcal/1 458 kj
P : 8 g, L : 17 g, G : 41 g

Soupe à la mode flamande

■ **Pour 4 portions**

**250 g de choux
de Bruxelles**

**200 g de saucisse
(de Francfort p. ex.)**

**3/8 l de bouillon
de poule**

Sel

Poivre

Noix muscade

1/8 l de crème fleurette

Temps de cuisson :
10 minutes en tout

Par portion
env. 254 kcal/ 1 064 kj
P : 16 g, L : 19 g, G : 3 g

1 Nettoyer les choux de Bruxelles, les laver et bien les égoutter.

2 Les mettre dans un plat à micro-ondes. Verser dessus le bouillon de poule et compter 8 minutes de cuisson, à couvert, à pleine puissance.

3 Ensuite, saler, poivrer et forcer sur la noix muscade. Verser la crème et la faire chauffer 2 minutes.

4 Ajouter la saucisse coupée en rondelles et servir la soupe.

10 min.

Soupe au chou et au cumin

1 Couper la viande en morceaux. La saler, la poivrer et forcer sur le paprika.

2 Dans un plat brunisseur, faire fondre le saindoux. Bien saisir la viande sur toutes ses faces puis mouiller avec le bouillon de viande et faire cuire 13 à 14 minutes à pleine puissance.

3 Laver le chou, le couper finement et l'ajouter à la préparation. Assaisonner de cumin et cuire 7 à 8 minutes.

4 S'assurer que tous les ingrédients sont bien cuits et servir très chaude après avoir rectifié l'assaisonnement.

8 min.   29 min.

Conseil
Il faut toujours bien faire cuire la viande de porc.

■ **Pour 4 portions**

750 g d'échine de porc

Sel

Poivre

2 c.s. de paprika

50 g de saindoux

1/2 l de bouillon de viande

1 kg de chou pointu

1 c.c. de cumin

Temps de cuisson :
37 minutes en tout

Par portion
env. 692 kcal/2 898 kj
P : 35 g, L : 56 g, G : 11 g

Gratins

Plat familial, le gratin de pommes de terre se prête à bien des variations. Les légumes, le riz et les pâtes sont également délicieux en gratin. Que vous aimiez les gratins consistants ou plus délicats, vous les réaliserez en un tour de main après avoir pris connaissance des pages suivantes.

Poireaux et pommes de terre au four

■ **Pour 4 portions**

1 kg de pommes de terre

150 g de bacon

250 g de poireaux

250 g d'oignons

1 œuf

2 c.s. de farine

1 pot de crème fleurette

Sel

1 branche de romarin

100 g de gouda

Temps de cuisson :
25 minutes en tout

Par portion
env. 662 kcal/2 773 kj
P : 24 g, L : 40 g, G : 47 g

1 Éplucher les pommes de terre et les faire cuire à couvert 10 à 12 minutes à pleine puissance.

2 Couper le bacon en tranches et les faire rissoler 2 minutes dans un plat brunisseur. Nettoyer les poireaux, les laver et les couper en rondelles. Peler et émincer les oignons. Faire revenir les poireaux et les oignons avec le bacon.

3 Couper les pommes de terre en tranches. Dans un plat à gratin, faire alterner les couches de pommes de terre et de bacon avec poireaux et oignons.

4 Mélanger la farine, l'œuf et la crème. Saler et assaisonner de romarin. Napper le gratin de ce mélange et le faire prendre au four, 6 à 10 minutes, à pleine puissance.

5 Râper le fromage et en parsemer la préparation. Faire gratiner 2 à 3 minutes.

22 min.   3 min.

Sauce au beurre

Faire cuire 40 g de poireau coupé en rondelles dans 1/4 l de bouillon, 3 à 4 minutes, à pleine puissance. Ajouter 1 cuillerée à soupe de jus de citron, le zeste d'un citron non traité et des feuilles de céleri hachées.

Saler et poivrer. Incorporer au fouet 100 g de beurre froid et 1 cuillerée à soupe de concentré de tomates.

Sauce au fromage

Porter à ébullition 1/4 l de sauce claire (produit industriel). Ajouter 100 g d'emmental râpé et le laisser fondre en remuant de temps à autre. Lier la sauce avec 2 jaunes d'œufs et ne plus la faire bouillir. Y ajouter une botte de ciboulette ciselée.

Sauce aux fines herbes

Faire fondre 4 cuillerées à soupe de beurre, 1 à 2 minutes, à pleine puissance. Incorporer 1/2 cuillerée à soupe de farine puis verser en remuant constamment 3/8 l de bouillon de viande. Saler et poivrer. Faire bouillir 2 à 3 minutes en remuant une fois. Lier la sauce avec 1 jaune d'œuf et ajouter persil, ciboulette et cresson ciselés.

Sauce tomate

Dans un plat brunisseur, faire rissoler 2 à 3 minutes 1 tranche de lard coupée en morceaux. Faire revenir 2 minutes, à pleine puissance, 1 oignon, 1 poireau, 1 morceau de céleri et 250 g de tomates concassées. Ajouter 1/2 l d'eau et compter 3 à 4 minutes de cuisson. Ajouter 1,5 cuillerée à soupe de farine délayée dans 1 tasse de bouillon. Prolonger la cuisson de 1 à 2 minutes. Filtrer et assaisonner.

Gratin de pommes de terre

■ **Pour 4 portions**

1 kg de pommes de terre

500 g d'oignons

1 œuf

1 branche de romarin

100 g de gouda râpé

1 pot de crème fleurette

Sel

Poivre

Temps de cuisson :
30 minutes en tout

Par portion
env. 497 kcal/2 081 kj
P : 17 g, L : 26 g, G : 45 g

1 Éplucher les pommes de terre, les laver et les couper en tranches. Peler les oignons et les couper en rondelles.

2 Dans un plat à gratin, faire alterner les couches de pommes de terre et d'oignons.

3 Mélanger l'œuf, le romarin émietté, le gouda râpé et la crème. Ensuite, saler et poivrer.

4 Verser ce mélange sur les pommes de terre et faire cuire à couvert, 27 à 30 minutes, à pleine puissance.

5 Retirer le couvercle et faire gratiner 2 à 3 minutes.

28 min.   2 min.

Lasagnes au poisson

1 Éplucher les carottes et les couper finement. Nettoyer le poireau, le laver et le couper en rondelles. Laver les brocolis et les diviser en bouquets.

2 Ajouter le persil. Saler et poivrer. Laver les filets de poisson, les tamponner pour les sécher et les couper en petits morceaux.

3 Mettre 100 g de lasagnes dans un plat à micro-ondes beurré. Répartir sur les lasagnes les légumes et le poisson. Verser le fumet de poisson. Terminer par une couche de lasagnes.

4 Verser sur les lasagnes la crème mélangée au vin blanc. Couvrir le plat et compter 10 à 15 minutes de cuisson à pleine puissance. Servir bien chaud.

10 min.

Conseil
Quand ce plat est également destiné à des enfants, remplacer le vin blanc, à quantité égale, par du fumet de poisson.

■ **Pour 4 portions**

1 carotte

1 poireau

200 g de brocolis

2 c.s. de persil haché

Sel, poivre

200 g de lasagnes

600 g de filet de poisson

3/8 l de fumet de poisson

20 g de beurre

400 g de crème fleurette

100 ml de vin blanc

Temps de cuisson :
10 minutes en tout

Par portion
env. 696 kcal/2 915 kj
P : 38 g, L : 37 g, G : 45 g

Pommes de terre et petits pois

■ **Pour 4 portions**

1 kg de pommes de terre

1 poivron rouge

100 g de petits pois

1 œuf

2 c.s. de persil haché

1 pot de crème fleurette

Sel

Poivre

100 g de gouda

1 branche de romarin

Temps de cuisson :
30 minutes en tout

Par portion
env. 487 kcal/2 041 kj
P : 17 g, L : 26 g, G : 42 g

1 Éplucher les pommes de terre et les couper finement. Laver le poivron, le couper en deux puis en lanières une fois épépiné.

2 Dans un plat à gratin, faire alterner les couches de pommes de terre, de poivron et de petits pois.

3 Mélanger l'œuf et la crème. Saler, poivrer et incorporer le persil. Verser ce mélange sur la préparation.

4 Râper le fromage et bien le répartir. Poser la branche de romarin sur la couche de fromage. Faire cuire à couvert, 27 à 30 minutes, à pleine puissance.

5 En fin de cuisson, retirer le couvercle et faire gratiner 2 à 3 minutes.

28 min.		2 min.

Gratin de nouilles au saumon

1 Faire cuire les nouilles *al dente* dans de l'eau salée en se conformant aux indications sur le paquet. Ensuite les égoutter dans une passoire. Trier les blettes, les laver et les égoutter. Couper finement les côtes et la partie verte. Éplucher les oignons et l'ail et les hacher finement.

2 Dans un plat brunisseur, faire revenir l'ail et les oignons 6 minutes, à pleine puissance, dans le beurre fondu. Ensuite ajouter les côtes des blettes et un peu d'eau. Saler, poivrer et assaisonner de noix muscade.

3 Compter 5 minutes de cuisson à pleine puissance avant d'ajouter la partie verte. Poursuivre la cuisson à couvert pendant 4 minutes.

4 Entre-temps, laver le poisson et le tamponner pour le sécher. Le saler, le poivrer et le citronner. Répartir le zeste sur le poisson. Laver et sécher les crevettes. Couper la mozzarella en tranches fines.

5 Dans un plat à gratin, répartir les nouilles mélangées aux blettes. Disposer dessus les morceaux de saumon et les crevettes. Arroser de crème et faire cuire à couvert 10 minutes, à un niveau de puissance de 70 %.

6 Répartir les tranches de mozzarella et poursuivre la cuisson à découvert, 4 à 5 minutes, à 70 %. La mozzarella doit être légèrement dorée.

25 min.		5 min.

■ **Pour 4 portions**

500 g de nouilles
800 g de blettes
2 oignons
1 gousse d'ail
2 c.s. de beurre
200 ml de crème fleurette
Jus et zeste d'un citron non traité
Sel, poivre, noix muscade
500 g de saumon frais (4 x 150 g)
150 g de crevettes décortiquées
150 g de mozzarella

Temps de cuisson :
30 minutes en tout

Par portion
env. 980 kcal/4 116 kj
P : 59 g, L : 39 g, G : 96 g

Gratin à la mode danoise

■ **Pour 4 portions**

1 kg de pommes de terre

500 g d'oignons

150 g de bacon

100 g de gouda

1 œuf

1 pot de crème fleurette

Sel

Poivre

Persil haché

Temps de cuisson :
30 minutes en tout

Par portion
env. 651 kcal/2 727 kj
P : 23 g, L : 40 g, G : 45 g

1 Éplucher les pommes de terre et les couper finement. Peler et émincer les oignons.

2 Dans un plat à gratin, faire alterner les couches de pommes de terre, d'oignons et de bacon.

3 Râper le fromage et le mélanger avec l'œuf et la crème. Saler et poivrer.

4 Verser le mélange sur les pommes de terre et faire cuire à couvert, 27 à 30 minutes, à pleine puissance.

5 En fin de cuisson, retirer le couvercle et faire gratiner 2 à 3 minutes. Servir le gratin parsemé de persil.

28 min.   2 min.

Pommes de terre au lard

1 Éplucher les pommes de terre et les couper en tranches fines. Nettoyer la courgette, la laver et la couper en rondelles. Émincer les oignons.

2 Dans un plat à gratin, faire alterner les couches de pommes de terre, de courgette et d'oignons.

3 Mélanger le fromage, l'œuf et la crème. Saler et poivrer.

4 Verser le mélange sur les pommes de terre et recouvrir de fines tranches de lard.

5 Faire cuire à couvert, 27 à 30 minutes, à pleine puissance.

6 En fin de cuisson, retirer le couvercle et faire gratiner 2 à 3 minutes avant de servir.

28 min.   2 min.

■ **Pour 4 portions**

1 kg de pommes de terre

1 courgette

4 gros oignons

100 g de gouda râpé

1 œuf

1 pot de crème fleurette

Sel

Poivre

150 g de lard maigre

Temps de cuisson :
30 minutes en tout

Par portion
env. 648 kcal/2 712 kj
P : 23 g, L : 40 g, G : 45 g

Soufflés à la tomate et au thon

■ Pour 4 portions

1 oignon

1 c.s. d'huile

1 boîte de thon

2 tomates

6 œufs

6 c.s. de lait

Sel

Poivre

2 c.s. de persil haché

**Tranches de tomates
et feuilles de persil
pour garnir**

Temps de cuisson :
11 minutes en tout

Par portion
env. 283 kcal/1 186 kj
P : 21 g, L : 19 g, G : 39 g

1 Peler et émincer l'oignon.

2 Verser l'huile dans un plat à micro-ondes. Y faire rissoler l'oignon 2 à 3 minutes, à pleine puissance.

3 Égoutter le thon, le défaire à la fourchette et le répartir dans 4 ramequins.

4 Laver les tomates et ôter la partie dure à la base du pédoncule. Les concasser et les répartir dans les ramequins, de même que les oignons frits.

5 Battre les jaunes d'œufs jusqu'à obtention d'un mélange mousseux. Verser le lait en continuant de remuer. Battre les blancs en neige et les incorporer au mélange à base de lait. Saler, poivrer et additionner de persil haché.

6 Verser l'appareil dans les ramequins. Faire cuire au bain-marie 8 à 10 minutes, à pleine puissance. Garnir avec des tranches de tomates et servir immédiatement, parsemé de persil haché.

11 min.

Gratin de riz

■ **Pour 4 portions**

1 tasse de riz

Sel

**1 sachet de sauce claire
(produit industriel)**

30 g de beurre

500 g de poireaux

500 g de viande hachée

Temps de cuisson :
28 minutes en tout

Par portion
env. 518 kcal/2 170 kj
P : 31 g, L : 24 g, G : 44 g

1 Laver le riz et bien l'égoutter. Ensuite, le mettre dans un plat à micro-ondes, ajouter 2 tasses d'eau et saler légèrement.

2 Faire cuire le riz à couvert, 7 à 10 minutes, à 70 %. Rafraîchir brièvement le riz quand il est cuit.

3 Préparer la sauce en se conformant aux indications figurant sur le paquet. Beurrer un plat à gratin.

4 Nettoyer les poireaux, les laver et les couper en rondelles. Mélanger avec la viande hachée et saler.

5 Ajouter le riz à ce mélange et en garnir le plat à gratin. Napper de sauce claire et faire cuire à couvert 18 à 20 minutes, à pleine puissance.

28 min.

Purée de pommes de terre gratinée

1 Porter la crème à ébullition et y incorporer les flocons de pommes de terre. Ajouter les jaunes d'œufs battus.

2 Peler et émincer l'oignon. Nettoyer les champignons. Les laver et bien les égoutter.

3 Dans un plat brunisseur, faire fondre le beurre et revenir l'oignon ainsi que les champignons, 2 minutes, à pleine puissance. Ensuite, saler et poivrer.

4 Répartir l'oignon et les champignons dans un plat à gratin. Ajouter la purée et la mélanger aux autres ingrédients. Parsemer d'emmental râpé.

5 Faire cuire à couvert 4 à 6 minutes, à pleine puissance.

6 Quand le gratin est cuit, le laisser reposer un instant et le servir parsemé de persil haché.

6 min.   2 min.

■ **Pour 4 portions**

1/8 l de crème fleurette

2 tasses de flocons de pommes de terre

2 jaunes d'œufs

1 oignon

250 g de champignons de Paris

30 g de beurre

Sel

Poivre

2 c.s. d'emmental râpé

1 c.s. de persil haché

Temps de cuisson :
8 minutes en tout

Par portion
env. 295 kcal/1 235 kj
P : 8 g, L : 25 g, G : 9 g

63

Gratin de pâtes

■ **Pour 4 portions**

**500 g de pâtes
(p. ex. de penne rigate)**

250 g de viande hachée

1 œuf

2 c.s. de chapelure

Sel

Poivre

2 tomates

100 g de fromage râpé

1 c.s. de persil haché

Temps de cuisson :
27 minutes en tout

Par portion
env. 452 kcal/1 891 kj
P : 28 g, L : 20 g, G : 37 g

1 Faire cuire les pâtes 15 à 18 minutes, à pleine puissance, dans une grande quantité d'eau salée. Quand elles sont cuites, les rafraîchir brièvement.

2 Laver les tomates puis les couper en tranches après avoir ôté la partie dure à la base du pédoncule.

3 Mélanger la viande hachée, l'œuf et 1 cuillerée à soupe de chapelure. Saler et poivrer. Façonner des boulettes et les faire cuire 8 à 10 minutes, à pleine puissance, dans un plat brunisseur.

4 Disposer les pâtes dans un plat à gratin puis répartir dessus les boulettes et recouvrir de tranches de tomate. Mélanger le fromage et la chapelure restante et en saupoudrer les tomates. Faire gratiner 2 à 3 minutes, à pleine puissance. Parsemer de persil au moment de servir.

16 min.	9 min.	2 min.

Gratin de fromage blanc et de jambon

1 Peler et émincer l'oignon. Couper le jambon en petits dés.

2 Trier le persil, le laver, l'essorer, puis le ciseler.

3 Réunir dans un saladier l'oignon, le jambon, le persil et le fromage blanc. Ajouter les œufs, le zeste et le jus de citron ainsi que la chapelure, et bien mélanger.

4 Beurrer un plat à gratin. Y verser l'appareil et faire cuire à couvert 15 à 20 minutes.

5 Au terme de la cuisson, retirer le couvercle et saupoudrer la préparation de chapelure et d'emmental.

6 Faire gratiner au four à micro-ondes 2 à 3 minutes, puis servir.

17 min. | 2 min.

Conseil
Ce plat peut également se manger froid. Le servir alors accompagné d'une salade verte.

■ **Pour 4 portions**

1 oignon

250 g de jambon

1 bouquet de persil

300 g de fromage blanc maigre

3 œufs

1 c.s. de jus de citron

1 c.s. de zeste de citron

1 c.s. de farine

40 g de beurre

2 c.s. de chapelure

3 c.s. d'emmental râpé

Temps de cuisson :
19 minutes en tout

Par portion
env. 467 kcal/1 957 kj
P : 41 g, L : 28 g, G : 9 g

Poisson

Le poisson cuit au four micro-ondes très rapidement, si bien qu'il conserve toute sa saveur et ses qualités nutritives.
Cabillaud en sauce, filets de sole sur un lit d'épinards ou truites aux pissenlits, nos recettes sont simples et rapides à réaliser. Chaque préparation est un régal.

Cabillaud sauce printanière

■ **Pour 4 portions**

**4 filets de cabillaud
de chacun 200 g**

Jus d'un citron

Sel

Poivre

1 c.c. de paprika

1 c.s. de beurre

1/2 céleri-branche

2 carottes

1 oignon

1 bouquet de persil

1/4 l de vin blanc

50 g de farine

100 ml de lait

**1/2 pot de crème
fleurette**

Temps de cuisson :
11 minutes en tout

Par portion
env. 403 kcal/1 686 kj
P : 40 g, L : 13 g, G : 16 g

1 Laver les filets de cabillaud et les tamponner pour les sécher. Les saler, les poivrer et les citronner.

2 Nettoyer les légumes, les laver et les couper en brunoise. Laver, essorer et hacher le persil.

3 Dans un plat brunisseur, faire fondre le beurre 1 à 2 minutes, à pleine puissance. Mettre le poisson et les légumes dans le plat et compter 7 à 9 minutes de cuisson.

4 Déglacer avec le vin blanc. Délayer la farine dans le lait et mélanger avec la crème. Porter à ébullition.

11 min.

Sauce aux fines herbes

Mélanger 1/4 l de sauce claire (produit industriel) avec 1 pot de crème. Compter 1 à 2 minutes de cuisson, à pleine puissance. Faire fondre 1 morceau de fromage dans ce mélange. Ajouter 1 cuillerée à soupe de moutarde, du persil haché et de l'aneth ciselé.

Sauce au safran

Délayer 1/2 cuillerée à café de fécule dans 1 tasse de crème. Porter à ébullition 1 à 2 minutes, à pleine puissance. Saler et poivrer. Ajouter de l'estragon ciselé, 1/4 l de sauce claire et une pointe de safran. Compter 1 à 2 minutes de cuisson.

Sauce au citron

Faire fondre 2 cuillerées à soupe de beurre, 1 minute à pleine puissance. Faire revenir 1 à 2 minutes 1 oignon ciselé. Verser en remuant 1 tasse de sauce claire et 1 pot de crème fraîche. Compter environ 2 minutes de cuisson. Ajouter le jus de 2 citrons, de la mélisse et un peu de pulpe de citron coupée finement.

Sauce aux crevettes

Dans 2 cuillerées à soupe de beurre, faire revenir 2 à 3 minutes, à pleine puissance, quelques oignons frais coupés en rondelles et 100 g de crevette décortiquées. Délayer une demi-cuillerée à café de fécule dans 1/2 pot de crème mélangée à 1 tasse de bouillon de légumes. Ajouter 1 cuillerée à soupe de curry et autant d'aneth. Compter 6 à 8 minutes de cuisson, à pleine puissance.

Lieu en croûte de légumes

■ Pour 4 portions

400 g de pommes de terre à chair farineuse
Sel
1 courgette
2 tomates
4 filets de lieu de 125 g chacun
Poivre
1 c.s. de jus de citron
Beurre
125 ml de fumet de poisson
1 bouquet d'aneth
100 g de gouda râpé

Temps de cuisson : 30 minutes en tout

Par portion
env. 370 kcal/1 554 kj
P : 33 g, L : 18 g, G : 18 g

1 Éplucher les pommes de terre, les laver et les couper en tranches très fines. Nettoyer la courgette, la laver et la couper en rondelles. Laver les tomates et les couper en tranches après avoir éliminé la partie dure à la base du pédoncule.

2 Laver les filets de cabillaud et les tamponner pour les sécher. Les saler, les poivrer et les citronner.

3 Beurrer un plat à micro-ondes. Y disposer une couche de pommes de terre. Poser dessus les filets de poisson puis les recouvrir de trois couches, l'une de pommes de terre, l'autre de courgettes et la dernière de tomates. Arroser de fumet de poisson.

4 Laver, essorer et ciseler l'aneth. Le mélanger au fromage et répartir le tout sur les tomates.

5 Faire cuire au four à micro-ondes environ 25 minutes (niveau de puissance 60 %), jusqu'à ce que les pommes de terre s'écrasent à la fourchette et que se forme une croûte dorée.

25 min.   5 min.

Filets de sole sur lit d'épinards

1 Laver les filets de sole à l'eau courante froide et les tamponner pour les sécher. Les saler, les poivrer et les citronner.

2 Les mettre dans un plat à micro-ondes et verser dessus le mousseux. Faire cuire à couvert 6 à 8 minutes, à 75 %.

3 Faire revenir les crevettes dans du beurre, 2 à 3 minutes. Les saler et les poivrer.

4 Trier les épinards, les laver et bien les égoutter. Peler et émincer l'oignon.

5 Dans un plat à micro-ondes, faire fondre le beurre restant. Cuire à couvert les épinards dans le beurre. Compter 4 à 6 minutes, à pleine puissance.

6 Dresser les épinards sur un plat de service. Disposer dessus les filets de sole et garnir de crevettes.

18 min.

■ **Pour 4 portions**

8 filets de sole de chacun 60 g

Sel

Poivre

1 c.s. de jus de citron

1/8 l de mousseux sec

80 g de beurre

150 g de crevettes décortiquées

400 g d'épinards en branches

1 oignon

Temps de cuisson :
18 minutes en tout

Par portion
env. 270 kcal/1 135 kj
P : 30 g, L : 12 g, G : 2 g

Truites aux pissenlits

■ **Pour 4 portions**

150 g de lard

**4 truites prêtes
à l'emploi**

300 g de pissenlits

Sel, poivre

4 c.s. de beurre

2 citrons

Temps de cuisson :
11 minutes en tout

Par portion
env. 453 kcal/1 897 kj
P : 37 g, L : 31 g, G : 3 g

1 Couper le lard en dés. Dans un plat brunisseur, faire rissoler les lardons 2 à 3
minutes, à pleine puissance.

2 Laver les truites et les tamponner pour
les sécher. Laver, essorer et couper finement les pissenlits.

3 Farcir les truites de lardons et de pissenlits. Les saler et les poivrer.

4 Dans un plat brunisseur, faire fondre le
beurre 1 à 2 minutes, à pleine puissan-

ce. Placer les truites dans le plat et compter
10 à 12 minutes de cuisson, à 75 %. Tourner
les truites de temps à autre.

5 Couper le citron en rondelles et en garnir les truites. Les servir avec une salade
au cresson et aux lardons.

11 min.

Truites au jus de légumes

1 Laver les truites et les tamponner pour les sécher. Les citronner.

2 Gratter les carottes, les laver et les couper en bâtonnets.

3 Nettoyer, laver et couper finement la moitié de courgette et de poireau.

4 Mettre les truites dans un plat à micro-ondes. Répartir dessus les légumes. Verser le vin et l'eau. Saler, ajouter quelques grains de poivre et la feuille de laurier.

5 Faire cuire 10 à 12 minutes, à 75 %. Dresser les truites et la garniture de légumes, parsemer de persil et servir.

11 min.

■ **Pour 4 portions**

4 truites prêtes à l'emploi

Le jus d'un citron

2 carottes

1/2 courgette

1/2 poireau

0,5 l d'eau

0,5 l de vin blanc

Poivre en grains

Sel

1 feuille de laurier

1 c.s. de persil haché

Temps de cuisson :
11 minutes en tout

Par portion
env. 261 kcal/1 092 kj
P : 30 g, L : 4 g, G : 5 g

73

Truites au lard

■ **Pour 4 portions**

**4 truites prêtes
à l'emploi**

1/2 poireau

150 g de lard

**250 g d'amandes
effilées**

Sel

Poivre

4 c.s. de beurre

2 citrons

Temps de cuisson :
11 minutes en tout

Par portion
env. 791 kcal/3 313 kj
P : 46 g, L : 64 g, G : 5 g

1 Laver les truites à l'eau froide courante et les tamponner pour les sécher. Les citronner.

2 Nettoyer la moitié de poireau, la laver et la couper finement.

3 Couper le lard en tranches fines et les enrouler autour de la truite. Parsemer les amandes effilées. Saler et poivrer.

4 Dans un plat brunisseur, faire fondre le beurre 1 à 2 minutes, à pleine puissance. Ajouter les truites et compter 10 à 12 minutes de cuisson, à 75 %. Les retourner de temps à autre.

5 Couper le citron en rondelles, en garnir les truites puis servir.

11 min.

Truites au fromage

1 Laver les truites à l'eau courante froide et bien les tamponner pour les sécher.

2 Gratter les carottes, les éplucher, les laver et les couper en bâtonnets.

3 Peler et émincer les oignons blancs frais.

4 Saler et poivrer les truites et les légumes.

5 Dans un plat brunisseur, faire fondre le beurre 1 à 2 minutes, à pleine puissance. Disposer les truites dans le plat et compter 10 à 12 minutes de cuisson, à 75 %. Les retourner de temps à autre.

6 Répartir les légumes sur les truites. Poser sur chacune d'elles une tranche de fromage et un brin d'estragon. Faire gratiner 2 à 3 minutes.

■ **Pour 4 portions**

4 truites prêtes à l'emploi

4 carottes

4 oignons frais

Sel

Poivre

4 c.s. de beurre

4 tranches de fromage

4 brins d'estragon

Temps de cuisson :
15 minutes en tout

Par portion
env. 567 kcal/2 372 kj
P : 49 g, L : 37 g, G : 7 g

13 min.   2 min.

Mouclade au safran

■ **Pour 4 portions**

2 kg de moules

1 poireau

1/2 céleri-rave

4 grosses carottes

1/2 l de vin blanc

Le jus d'un citron

Poivre en grains

1 feuille de laurier

1 oignon

Pour la sauce :

200 ml de crème fleurette

200 ml de fumet de moules

1 pincée de safran

Sel

Poivre

1 c.s. de persil haché

1 c.s. de feuilles de céleri hachées

Temps de cuisson :
12 minutes en tout

Par portion
env. 582 kcal/2 437 kj
P : 54 g, L : 23 g, G : 12 g

12 min.

1 Bien laver les moules à l'eau froide. Éliminer celles qui sont ouvertes et qui ne se referment pas d'elles-mêmes quand on appuie dessus.

2 Nettoyer le poireau, le laver et le couper en rondelles. Éplucher, laver et couper en brunoise le céleri et les carottes.

3 Verser le vin et le jus de citron dans un plat à micro-ondes. Y mettre les moules, les légumes, l'oignon haché, les grains de poivre et la feuille de laurier.

4 Faire cuire à couvert 12 minutes à pleine puissance.

5 Préparation de la sauce : mélanger le fumet de moules et la crème et porter à ébullition. Saler, poivrer et assaisonner de safran. Incorporer le persil et les feuilles de céleri hachées.

6 Verser cette sauce sur les moules. Décorer avec des feuilles de céleri et servir.

Darnes de saumon au lard

4 darnes de saumon de chacun 200 g

Sel

Poivre

8 tranches de lard fumé

1 citron

1 poivron rouge

200 ml de fumet de poisson

200 ml de crème fleurette

1 c.s. de ketchup

2 c.s. de fines herbes

Temps de cuisson :
11 minutes en tout

Par portion
env. 861 kcal/3 607 kj
P : 52 g, L : 66 g, G : 4 g

1 Laver les darnes de saumon à l'eau courante froide, bien les tamponner pour les sécher. Les saler et les poivrer.

2 Les disposer, entre deux tranches de lard, dans un plat à micro-ondes.

3 Presser le citron et verser le jus sur les darnes. Faire cuire à couvert 6 à 9 minutes, à 75 %.

4 Laver le poivron, le couper en deux puis en dés après l'avoir épépiné.

5 Cuire les dés de poivron dans le fumet de poisson, 3 à 4 minutes. Ajouter la crème et la faire bouillir 1 à 2 minutes. Incorporer le ketchup et les fines herbes. Saler et poivrer.

6 Servir les darnes au lard et les napper de sauce.

11 min.

Conseil
Les darnes de saumon peuvent être servies avec une sauce froide à base de moutarde, de miel et de ketchup.

Filets de sébaste sauce tomate

1 Peler et émincer l'oignon. Ébouillanter brièvement les tomates puis les concasser. Éplucher et écraser l'ail.

2 Dans un plat à micro-ondes, mettre l'oignon, le basilic, les tomates et l'ail. Verser l'huile, saler et poivrer. Cuire à couvert 9 minutes, à pleine puissance.

3 Laver les filets de sébaste, les tamponner pour les sécher et les disposer dans un plat à micro-ondes. Les saler et les poivrer. Les faire cuire à couvert 9 minutes, à pleine puissance.

4 Servir les filets avec la sauce.

18 min.

■ **Pour 4 portions**

1 oignon

4 tomates

1 gousse d'ail

8 feuilles de basilic

2 c.s. de persil haché

2 c.s. d'huile d'olive

Sel, poivre

4 filets de sébaste de chacun 150 g

Temps de cuisson :
18 minutes en tout

Par portion
env. 250 kcal/1 046 kj
P : 31 g, L : 11 g, G : 4 g

Viande hachée

Hamburgers, boulettes, fricadelles – la viande hachée s'accommode de bien des façons. Elle entre aussi dans la composition de nombreuses farces. Avec une technique moderne et des ingrédients peu onéreux, vous préparez en très peu de temps de délicieux plats.

Hamburgers

■ **Pour 4 portions**

300 g de bœuf haché

Sel

Poivre

1 c.s. de chapelure

1 c.s. de crème fleurette

1 c.s. d'oignon émincé

Farine

Graisse à frire

Quelques feuilles de salade

1 poivron vert

1 tomate

4 petits pains à hamburger

150 g de salade de chou (produit industriel)

3 c.s. de ketchup

3 c.s. de mayonnaise

Temps de cuisson : 12 minutes en tout

Par portion env. 251 kcal/1 052 kj P : 15 g, L : 18 g, G : 5 g

1 Mélanger le hachis avec la chapelure, la crème et les oignons. Saler et poivrer.

2 Les mains humides, façonner des hamburgers et les passer dans la farine.

3 Dans un plat brunisseur, faire fondre le beurre 1 minute, à pleine puissance.

4 Y saisir les hamburgers à découvert, 10 à 12 minutes, à pleine puissance. Ils doivent être bien colorés des deux côtés.

5 Laver et essorer les feuilles de salade. Laver le poivron, le couper en deux puis en fines lanières après l'avoir épépiné. Laver les tomates et les couper en tranches.

6 Couper les petits pains en deux. Garnir de chou en salade et de feuilles de salade l'une des moitiés. Ajouter les hamburgers. Poser une tranche de tomate sur chacun d'eux. Terminer par une giclée de ketchup et un soupçon de mayonnaise. Couvrir avec l'autre moitié, puis dresser sur des assiettes.

12 Min.

Mayonnaise aux épices

Mélanger 1 cuillerée à soupe d'oignon ciselé avec 8 cuillerées à soupe de mayonnaise, 4 de ketchup, 1 de curry et aussi 1 cuillerée à café de moutarde.

Ketchup à l'oignon

Émincer 2 oignons, couper finement 2 cornichons à la russe, peler et concasser 2 tomates. Mélanger ces ingrédients à 8 cuillerées à soupe de ketchup, 2 cuillerées à soupe de vinaigre et 1 cuillerée à café de moutarde.

Rémoulade

Mélanger 8 cuillerées à soupe de mayonnaise avec 1 œuf dur coupé en petits morceaux, 1 cuillerée à café de câpres et 1 cuillerée à soupe de persil ciselé.

Sauce tropicale

Mélanger 8 cuillerées à soupe de mayonnaise et 4 cuillerées à soupe de ketchup. Ajouter 4 cuillerées à soupe de jus de fruits en boîte, 1 cuillerée à soupe de sucre, 2 d'amandes hachées et 1 de raisins secs. Relever avec une pointe de piment de Cayenne.

Terrine à l'andalouse

■ **Pour 4 portions**

1 gousse d'ail

**150 g de côte
de porc fumé**

**1 kg de hachis bœuf
et porc**

1 œuf

Sel

Poivre

1 c.s. d'huile

20 olives au poivron

Temps de cuisson :
20 minutes en tout

Par portion
env. 696 kcal/2 914 kj
P : 66 g, L : 47 g, G : 1 g

1 Éplucher l'ail et le hacher. Couper finement la viande de porc.

2 Réunir dans un bol le hachis, l'œuf et l'ail. Malaxer, saler et poivrer. Incorporer les dés de porc fumé et les olives.

3 Façonner une terrine avec cette préparation. La mettre dans un plat brunisseur et faire cuire 20 minutes, à pleine puissance.

4 Couper la terrine. Dresser les tranches sur un plat et servir.

20 min.

Terrine à l'œuf

1 Saler le hachis, le poivrer et l'assaisonner de noix muscade. Incorporer l'œuf et la crème. Ajouter la chapelure pour donner à la préparation plus de consistance.

2 Écaler les œufs cuits et les enrober dans le hachis avec lequel sera façonnée la terrine.

3 La mettre dans un plat brunisseur et la faire cuire 15 à 20 minutes, à pleine puissance.

4 Laver, éplucher et couper les carottes en bâtonnets.

5 Les ajouter à la terrine et les faire revenir brièvement. Verser la crème fraîche et la faire bouillir 2 à 3 minutes. Saler, poivrer et rectifier l'assaisonnement avec du ketchup.

6 Couper la terrine en tranches et servir avec la sauce.

20 min.

■ Pour 4 portions

600 g de viande hachée

Sel

Poivre

Noix muscade

1 œuf

2 c.s. de crème fleurette

2 c.s. de chapelure

4 œufs durs

Pour la sauce :

2 carottes

2 c.s. de cresson

200 ml de crème fleurette

1 c.c. de ketchup

Temps de cuisson :
20 minutes en tout

Par portion
env. 635 kcal/2 658 kj
P : 45 g, L : 47 g, G : 5 g

Courgettes farcies

■ **Pour 4 portions**

400 g de viande hachée

100 g de champignons de Paris

1/2 botte de ciboulette

1 botte d'oignons frais

Le jus d'un citron

2 œufs

1 c.s. de chapelure

Sel

Poivre

4 courgettes moyennes

Temps de cuisson :
12 minutes en tout

Par portion
env. 306 kcal/1 280 kj
P : 28 g, L : 18 g, G : 7 g

1 Mettre la viande hachée dans un récipient.

2 Nettoyer, laver et couper finement les champignons. Trier la ciboulette et la ciseler. Peler et émincer les oignons.

3 Incorporer les champignons de Paris, les oignons et la ciboulette à la viande hachée. Verser le jus de citron, ajouter les œufs et bien malaxer le tout. Saupoudrer de chapelure, saler et forcer sur le poivre.

4 Nettoyer les courgettes, les laver, les couper en deux dans le sens de la longueur et les creuser pour pouvoir les farcir.

5 Les mettre dans un plat à micro-ondes et les faire cuire à couvert 10 à 14 minutes, à pleine puissance.

6 Quand elles sont cuites, les retirer du four, les dresser sur des assiettes et les servir parsemées de ciboulette ciselée.

12 min.

Choux-raves farcis

■ **Pour 4 portions**

1 oignon

1 poivron rouge

400 g de viande hachée

2 c.s. de concentré de tomates

2 c.s. de paprika

2 œufs

1 c.s. de chapelure

4 choux-raves de chacun 200 g

1/4 l de bouillon de viande

150 g de fromage râpé

Temps de cuisson :
12 minutes en tout

Par portion
env. 493 kcal/2 066 kj
P : 40 g, L : 29 g, G : 12 g

1 Peler et émincer l'oignon. Laver le poivron, le couper en deux, puis en petits morceaux après l'avoir épépiné.

2 Mélanger la viande hachée, l'oignon, le poivron et le concentré de tomates. Forcer sur le paprika, puis incorporer les œufs.

3 Saupoudrer de chapelure pour donner de la consistance au mélange.

4 Éplucher les choux-raves, les creuser et les farcir.

5 Verser le bouillon de viande dans un plat à micro-ondes. Y mettre les choux-raves et les faire cuire à couvert 8 à 12 minutes, à pleine puissance.

6 Saupoudrer les choux-raves de fromage et les faire gratiner à découvert, 2 à 3 minutes.

10 min.		2 min.

97

Viande, gibier et volailles

Savoir cuire la viande est
tout un art car elle
doit être saisie et bien grillée en
surface mais tendre et moelleuse
« à l'intérieur ». Les recettes qui
suivent vous permettront de préparer
à la perfection des viandes rôties ou
en sauce, des civets ou des
daubes, selon vos préférences.
Les amateurs de gibier n'ont
pas été oubliés.

Rôti de porc nature

■ Pour 4 portions

4 c.s. de beurre

1 kg de longe de porc

Sel

Poivre

2 tasses d'eau

400 g de carottes

Pour la sauce :

150 g chanterelles

1/4 l de sauce brune
pour rôti
(produit industriel)

100 ml de cognac

2 c.s. de crème fleurette

Temps de cuisson :
37 minutes en tout

Par portion
env. 865 kcal/3 621 kj
P : 4 g, L : 73 g, G : 7 g

1 Dans un plat brunisseur, faire fondre le beurre 1 à 2 minutes, à pleine puissance.

2 Nettoyer les carottes et les laver. Trier les chanterelles.

3 Saler et poivrer le rôti. Le faire cuire 30 à 35 minutes, à 75 %, en le tournant de temps à autre.

4 À mi-cuisson, ajouter l'eau et couvrir le plat. Compter 5 minutes avant d'ajouter les carottes.

5 Préparer la sauce en se conformant aux indications sur le paquet. Incorporer les chanterelles et compter 3 à 4 minutes de cuisson, à pleine puissance. Rectifier l'assaisonnement, puis ajouter le cognac et enfin la crème pour lui donner de l'onctuosité.

6 Sortir le rôti du four, le couper en tranches et le servir, nappé de sauce, avec les carottes.

3 min.   34 min.

Sauce au whisky

Faire chauffer à pleine puissance 1 sachet de sauce claire avec 2 cuillerées à soupe de moutarde et 0,2 l de whisky. Saler et poivrer. Ajouter 2 cuillerées à soupe de crème fleurette et autant de fines herbes ciselées.

Sauce chasseur

Faire fondre 1 à 2 minutes, à pleine puissance, 2 cuillerées à soupe de beurre. Y faire suer 150 g de chanterelles, 3 à 4 minutes. Saler et poivrer. Ajouter 1/2 l de sauce foncée (produit industriel), 2 cuillerées à soupe de crème fleurette et la même quantité de cognac. Porter brièvement à ébullition.

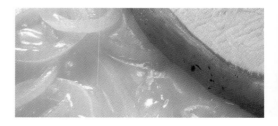

Sauce aux oignons

Faire fondre 1 à 2 minutes, à pleine puissance, 2 cuillerées à soupe de beurre. Y faire blondir, 3 à 4 minutes, 250 g d'oignons coupés en rondelles. Saler et poivrer. Ajouter 1/2 l de sauce claire (produit industriel), 2 cuillerées à soupe de crème fleurette et la même quantité de vin blanc. Porter à ébullition durant 2 minutes.

Sauce à la mexicaine

Couper en dés 1 poivron rouge et le faire cuire 3 à 4 minutes, à pleine puissance, dans 1/2 l de sauce foncée (produit industriel). Ajouter 50 g de maïs en grains, 2 cuillerées à soupe de ketchup, la même quantité de cognac et de crème fleurette. Saler et poivrer. Pour finir, incorporer une demi-botte de ciboulette ciselée.

Rôti de porc farci aux champignons

■ Pour 4 portions

**1 kg de carré
de côtes désossé**

**250 g de champignons
de Paris**

3 c.s. de persil haché

1 blanc d'œuf

Sel

Poivre

3 c.s. de beurre

**3 tasses de sauce brune
(produit industriel)**

Temps de cuisson :
19 minutes en tout

Par portion
env. 870 kcal/3 643 kj
P : 46 g, L : 73 g, G : 5 g

1 Pratiquer une incision dans la viande pour insérer la farce.

2 Nettoyer les champignons de Paris et les couper finement.

3 Les mélanger au persil et au blanc d'œuf. Saler, poivrer et farcir la viande de ce mélange.

4 Dans un plat brunisseur, faire fondre le beurre pendant 1 à 2 minutes, à pleine puissance.

5 Ajouter la viande et la faire rissoler 10 à 15 minutes en la tournant de temps à autre.

6 Préparer la sauce en se conformant aux indications sur le paquet et, au moment de servir, en napper le rôti coupé en tranches.

19 min.

Rôti de porc lardé

1 Larder, saler et poivrer la viande puis la badigeonner de moutarde.

2 Dans un plat brunisseur, faire fondre le beurre 1 à 2 minutes, à pleine puissance. Y saisir la viande de porc et la faire cuire 30 à 35 minutes, à 75 %, en la tournant de temps à autre.

3 Nettoyer les légumes et les mettre dans un plat à micro-ondes. Les saler, les poivrer et les faire cuire à couvert, avec un peu d'eau, 10 à 12 minutes, à pleine puissance.

4 Préparation de la sauce : faire fondre le beurre dans un plat à micro-ondes. Peler et émincer l'oignon puis le faire blondir au beurre.

5 Verser sur les oignons la crème mélangée à la sauce brune. Faire bouillir 1 à 2 minutes, à pleine puissance. Ensuite, saler et poivrer et ajouter le vin rouge.

6 Dresser le rôti et les légumes sur un plat et servir nappé de sauce.

■ **Pour 4 portions**

1 kg de viande de porc

150 g de lard gras

Sel, poivre, moutarde

4 c.s. de beurre

400 g de légumes variés (p. ex. carottes, fenouil, poireau)

Pour la sauce :

1 c.s. de beurre

1 oignon

4 c.s. de crème fleurette

1/4 l de sauce brune (produit industriel)

1/4 l de vin rouge

Temps de cuisson : 46 minutes en tout

Par portion
env. 1 173 kcal/4 912 kj
P : 49 g, L : 102 g, G : 7 g

14 min.   32 min.

Rôti de porc farci à la mode allemande

■ **Pour 4 portions**

1 kg de carré de côtes désossé

1 poivron

1 botte d'oignons frais

100 g de champignons de Paris

1 c.s. de persil haché

Sel

Poivre

3 c.s. de beurre

3 tasses de sauce à rôti

Temps de cuisson :
18 minutes en tout

Par portion
env. 868 kcal/3 635 kj
P : 45 g, L : 73 g, G : 6 g

1 Pratiquer deux incisions dans la viande pour insérer la farce.

2 Nettoyer le poivron et les oignons et les couper finement. Faire de même avec les champignons de Paris.

3 Mélanger ces ingrédients au persil et farcir la viande de cet appareil. Saler et forcer sur le poivre.

4 Dans un plat brunisseur, faire fondre le beurre 1 à 2 minutes, à pleine puissan-ce. Y faire cuire la viande de porc 15 à 20 minutes.

5 Préparer la sauce en se conformant aux indications sur le paquet et en napper le rôti au moment de servir.

18 min.

Échine de porc à la mode hongroise

■ **Pour 4 portions**

1 kg d'échine de porc

100 g de champignons de Paris

400 g de viande hachée

Sel

Poivre

Paprika

2 c.s. de fines herbes ciselées

2 œufs

3 c.s. de beurre

Pour la sauce :

3 tasses de sauce brune pour rôti (produit industriel)

200 ml de vin blanc

Romarin pour garnir

Temps de cuisson : 22 minutes en tout

Par portion env. 1 147 kcal/4 804 kj P : 68 g, L : 90 g, G : 6 g

1 Pratiquer une incision dans la viande pour insérer la farce. Nettoyer et escaloper les champignons de Paris.

2 Saler, poivrer et assaisonner le hachis de paprika. Incorporer les œufs et les fines herbes. Bien malaxer et farcir avec ce mélange le morceau de viande.

3 Dans un plat brunisseur, faire fondre le beurre 1 à 2 minutes, à pleine puissance. Y saisir la viande de porc et la faire cuire 15 à 20 minutes, en la tournant de temps à autre.

4 Préparer la sauce en se conformant aux indications sur le paquet. Incorporer les champignons et faire bouillir 2 à 3 minutes, à pleine puissance. Déglacer avec le vin blanc.

5 Couper le rôti en tranches et le dresser sur un plat. Le napper de sauce et le décorer d'aiguilles de romarin.

4 min.   18 min.

105

Roulades de porc au poivron

■ **Pour 4 portions**

4 tranches de porc

2 c.s. de moutarde

2 poivrons rouges

1 poireau

Sel

Poivre

2 c.s. de beurre

Temps de cuisson :
28 minutes en tout

Par portion
env. 253 kcal/1 060 kj
P : 36 g, L : 10 g, G : 4 g

1 Étaler les tranches de porc sur un plan de travail et les badigeonner de moutarde.

2 Laver les poivrons, les couper en deux puis en lanières une fois épépinés.

3 Nettoyer le poireau, le laver et le couper en tronçons de 5 cm.

4 Répartir les légumes sur la viande. Saler et poivrer. Enrouler les tranches de porc sur elles-mêmes et les fixer avec de la ficelle de cuisine.

5 Dans un plat brunisseur, faire fondre le beurre 1 à 2 minutes, à pleine puissance. Y ajouter les roulades et les faire cuire 25 à 30 minutes, à 75 %, en les tournant de temps à autre.

6 Retirer les roulades du four. Ôter la ficelle de cuisine et les servir nappées de sauce.

28 min.

Romsteck aux carottes

1 Émincer l'oignon. Saler et poivrer le romsteck.

2 Dans un plat brunisseur, faire fondre le beurre 1 à 2 minutes, à pleine puissance. Y saisir la viande et l'oignon.

3 Éplucher, laver et couper en julienne les carottes et le céleri. Les faire revenir avec la viande 4 à 5 minutes. Ajouter l'eau et compter 20 à 25 minutes de cuisson.

4 Quand la viande est cuite, sortir le plat du four et réserver au chaud.

5 Préparation de la sauce : délayer la farine dans la crème et incorporer au jus de cuisson. Porter à ébullition. Saler, poivrer et assaisonner de paprika. Incorporer les câpres.

6 Servir la viande et les légumes nappés de sauce et parsemés de persil haché.

25 min.

■ **Pour 4 portions**

1 oignon
1 kg de romsteck
Sel
Poivre
4 c.s. de beurre
2 carottes
1 morceau de céleri
3/8 l d'eau
1 pot de crème fermentée
1 c.s. de farine
1 c.c. de paprika
1 c.s. de câpres
Persil haché

Temps de cuisson :
25 minutes en tout

Par portion
env. 526 kcal/2 201 kj
P : 59 g, L : 28 g, G : 9 g

Roulades d'agneau au jambon

■ **Pour 4 portions**

4 tranches d'agneau

Moutarde

Sel

Poivre

4 tranches de jambon

4 tranches de fromage

50 g de cacahuètes

2 c.s. de beurre

Temps de cuisson :
27 minutes en tout

Par portion
env. 897 kcal/3 755 kj
P : 62 g, L : 69 g, G : 2 g

1 Étaler les tranches d'agneau sur un plan de travail et les badigeonner de moutarde. Les saler et les poivrer.

2 Disposer sur chacune d'elles une tranche de jambon et placer, au milieu, quelques cacahuètes.

3 Enrouler les tranches d'agneau sur elles-mêmes et les fixer avec de la ficelle de cuisine.

4 Dans un plat brunisseur, faire fondre le beurre 1 à 2 minutes, à pleine puissance. Y ajouter les roulades et les faire cuire 25 à 30 minutes, en les tournant de temps à autre.

5 Retirer les roulades du four. Ôter la ficelle de cuisine et les servir avec le jus de cuisson.

27 min.

Roulades de veau à l'œuf

1 Étaler les tranches de veau sur un plan de travail et les badigeonner de moutarde.

2 Disposer sur chacune d'elles 2 feuilles d'épinards et un œuf dur. Saler, poivrer et assaisonner de paprika.

3 Enrouler les tranches de veau sur elles-mêmes et les fixer avec de la ficelle de cuisine.

4 Dans un plat brunisseur, faire fondre le beurre 1 à 2 minutes, à pleine puissance. Y ajouter les roulades et les faire cuire 25 à 30 minutes, à 75 %, en les tournant de temps à autre.

5 Quand les roulades sont cuites, les retirer du four, ôter la ficelle de cuisine et servir.

28 min.

■ **Pour 4 portions**

4 tranches de veau dans la noix

Moutarde

8 grandes feuilles d'épinards

4 œufs durs

Sel

Poivre

Paprika

2 c.s. de beurre

Temps de cuisson :
28 minutes en tout

Par portion
env. 326 kcal/1 366 kj
P : 39 g, L : 17 g, G : 2 g

Roulades de bœuf aux carottes

■ **Pour 4 portions**

4 tranches de bœuf

150 g de chair à saucisse

4 carottes

4 cornichons à la russe

Sel

Poivre

Noix muscade

2 c.s. de beurre

Temps de cuisson :
32 minutes en tout

Par portion
env. 356 kcal / 1 492 kj
P : 43 g, L : 8 g, G : 5 g

1 Étaler les tranches de bœuf sur un plan de travail et les enduire de chair à saucisse en couche régulière.

2 Laver, éplucher et couper en brunoise les carottes. Les répartir sur la chair à saucisse.

3 Ajouter un cornichon sur les tranches de veau. Les saler, les poivrer et les assaisonner de noix muscade puis les enrouler sur elles-mêmes et les fixer avec de la ficelle de cuisine.

4 Dans un plat brunisseur, faire fondre le beurre 1 à 2 minutes, à pleine puissance. Y ajouter les roulades et les faire cuire 30 à 35 minutes, à 75 %.

32 min.

Entrecôtes braisées

■ **Pour 4 portions**

4 c.s. d'huile

2 entrecôtes non désossées

Sel, poivre

Sauge, thym

1 gros oignon

1 poireau

100 g de choux de Bruxelles

1/4 l de bouillon de viande

Temps de cuisson :
53 minutes en tout

Par portion
env. 395 kcal/1 654 kj
P : 19 g, L : 33 g, G : 3 g

1 Faire chauffer l'huile 1 à 2 minutes dans un plat brunisseur.

2 Saler et poivrer les entrecôtes de bœuf. Forcer sur la sauge ainsi que sur le thym. Saisir la viande des deux côtés dans l'huile bien chaude.

3 Peler et émincer l'oignon. Nettoyer le poireau, le laver et le couper finement. Parer les choux de Bruxelles, les laver et les ajouter à la viande, de même que le poireau et l'oignon.

4 Faire revenir les légumes brièvement puis mouiller avec le bouillon de viande et faire mijoter à couvert 50 à 55 minutes, à 75 %.

53 min.

111

Bœuf à la mode indonésienne

■ **Pour 4 portions**

4 c.s. d'huile

250 g de bœuf (dans l'aloyau)

1 kg de poireaux

1/2 tasse de xérès

1/2 tasse de sauce soja

1 c.s. de curry

1 pincée de gingembre en poudre

1 c.c. de sucre

300 g de pousses de soja

2 c.s. de fécule

Temps de cuisson :
24 minutes en tout

Par portion
env. 334 kcal/1 401 kj
P : 16 g, L : 12 g, G : 22 g

1 Faire chauffer l'huile 1 à 2 minutes dans un plat brunisseur.

2 Couper le morceau de bœuf en lanières et les faire revenir brièvement dans l'huile bien chaude.

3 Nettoyer le poireau, le laver et le couper en rondelles et l'ajouter à la viande. Déglacer avec le xérès et la sauce soja. Faire cuire à couvert 18 à 20 minutes, à pleine puissance.

4 Peu avant la fin de la cuisson, saupoudrer de curry et de gingembre. Incorporer le sucre et les pousses de soja.

5 Délayer la fécule dans un peu d'eau et l'incorporer au jus de cuisson pour l'épaissir, puis servir.

24 min.

Cuisses d'oie sauce moutarde

■ **Pour 4 portions**

2 c.s. de beurre

4 cuisses d'oie

Sel

Poivre

Pour la sauce :

1/4 l de sauce claire (produit industriel)

1 c.s. de moutarde

1 c.s. d'estragon haché

2 c.s. de câpres

2 filets d'anchois

Temps de cuisson : 28 minutes en tout

Par portion env. 458 kcal/1 919 kj P : 46 g, L : 25 g, G : 4 g

1 Laver les cuisses d'oie à l'eau courante froide et bien les éponger. Les saler et les poivrer.

2 Dans un plat brunisseur, faire fondre le beurre 1 à 2 minutes. Saisir les cuisses d'oie sur toutes les faces 2 à 7 minutes, à pleine puissance.

3 Quand les cuisses sont bien dorées, ajouter un peu d'eau et compter 15 à 20 minutes de cuisson à 75 %.

4 Préparer la sauce claire en se conformant aux indications sur le paquet. Lui incorporer la moutarde, l'estragon et les anchois hachés ainsi que les câpres.

3 min.   25 min.

Sauce poivron et aneth

Émulsionner 4 cuillerées à soupe de crème, 3 cuillerées à soupe de purée de poivrons rouges et un bouquet d'aneth. Saler et poivrer.

Sauce aigre-douce

Couper en brunoise 1 petit ananas bien mûr, 4 oignons et 6 cornichons. Mélanger le tout à 1/8 l de vinaigre de vin, 1 pincée de sel, 1 cuillerée à café de sucre et autant de menthe ciselée.

Mayonnaise chaude

Faire revenir dans 2 cuillerées à soupe d'huile 1 gousse d'ail et 1 oignon haché (2 à 3 minutes, à pleine puissance). Ajouter en remuant 1/8 l d'eau, du vinaigre, 3 cuillerées à soupe de crème, 6 de mayonnaise, 1 de farine, enfin du sel et du poivre. Porter à ébullition (1 à 2 minutes) et incorporer 3 cuillerées à soupe de fines herbes ciselées.

Sauce aux légumes

Faire fondre 30 g de beurre 1 à 2 minutes, à pleine puissance. Faire revenir 50 g de courgettes, 1 carotte et 1 poivron jaune, le tout coupé finement. Ajouter 1 cuillerée à soupe de farine délayée dans 1/4 l de crème. Porter à ébullition (2 à 3 minutes) et incorporer 1/2 botte de ciboulette ciselée.

Civet de sanglier aux pruneaux

■ Pour 4 portions

100 g de lard maigre

**500 g de chair
de sanglier**

1 gros oignon

Sel, poivre

1/4 l de vin rouge

200 g de pruneaux secs

**2 c.s. de liant
pour sauce brune**

2 c.s. de persil haché

Temps de cuisson :
32 minutes en tout

Par portion
env. 329 kcal/1 379 kj
P : 29 g, L : 14 g, G : 8 g

1 Couper le lard en dés et le faire rissoler 2 à 3 minutes dans un plat brunisseur, à pleine puissance.

2 Couper la chair de sanglier en morceaux et les ajouter aux lardons.

3 Émincer l'oignon et le faire revenir avec les autres ingrédients.

4 Saler et poivrer. Ensuite, mouiller avec le vin rouge et compter 27 à 32 minutes de cuisson.

5 Faire tremper les pruneaux 1 quart d'heure dans de l'eau, puis les ajouter au civet.

6 Épaissir la sauce avec le liant. Servir le civet parsemé de persil haché.

32 min.

Civet de sanglier gratiné

1 Dans un plat brunisseur, faire fondre le beurre 2 minutes à pleine puissance.

2 Ajouter la chair de sanglier coupée en morceaux et la saisir à pleine puissance. Saler et poivrer.

3 Mouiller avec le vin rouge et faire mijoter 25 à 30 minutes, à 75 %.

4 Laver le poivron, le couper en deux, puis en lanières après l'avoir épépiné.

5 L'ajouter au civet et poursuivre la cuisson 3 à 4 minutes.

6 Ajouter le maïs, épaissir le jus de cuisson avec le liant pour sauce. Porter ensuite à ébullition.

7 Saupoudrer le civet de fromage et faire gratiner 2 à 3 minutes.

36 min.   2 min.

■ **Pour 4 portions**

2 c.s. de beurre

500 g de chair de sanglier

Sel, poivre

1/4 l vin rouge

1 poivron rouge

1 poivron vert

50 g de maïs

2 c.s. de liant pour sauce brune

4 c.s. de fromage râpé

Temps de cuisson :
38 minutes en tout

Par portion
env. 304 kcal/1 275 kj
P : 29 g, L : 14 g, G : 8 g

Cuisses de dinde farcies

■ **Pour 4 portions**

2 cuisses de dinde

Sel

Poivre

1 jaune d'œuf

100 g d'amandes mondées

4 dattes dénoyautées

1 piment

1 c.s. de beurre

1 c.s. de miel

1,5 c.s. de jus de citron

1 c.s. d'huile

Temps de cuisson :
17 minutes en tout

Par portion
env. 498 kcal/2 085 kj
P : 47 g, L : 29 g, G : 8 g

1 Laver les cuisses de dinde à l'eau courante froide et bien les éponger. Les désosser et les frotter vigoureusement avec le sel et le poivre.

2 Mélanger le beurre, le jaune d'œuf et les dattes puis le piment coupé en dés. Farcir les cuisses de dinde de ce mélange.

3 Les badigeonner d'huile additionnée du miel et du jus de citron.

4 Dans un plat brunisseur, faire revenir les cuisses 15 à 20 minutes, à 75 %, en les tournant de temps à autre pour qu'elles dorent sur toutes les faces.

17 min.

Cuisses de poulet à la mode andalouse

■ Pour 4 portions

4 cuisses de poulet
Sel
Poivre
1 oignon
1 gousse d'ail
2 c.s. de beurre
2 tomates
8 olives
1 poivron rouge
100 g de riz

Pour la sauce :
2 c.s. de beurre
1 c.s. de farine
1/4 l de vin blanc
1 c.s. de purée
de tomates
(produit industriel)
2 c.c. de curry

Temps de cuisson :
28 minutes en tout

Par portion
env. 529 kcal/2 214 kj
P : 45 g, L : 20 g, G : 26 g

1 Laver les cuisses de poulet à l'eau courante froide et bien les éponger. Les saler et les poivrer.

2 Éplucher et hacher finement la gousse d'ail et l'oignon.

3 Dans un plat brunisseur, faire fondre le beurre pendant 1 à 2 minutes, à pleine puissance.

4 Y faire revenir les cuisses de poulet, l'ail et l'oignon, 12 à 14 minutes, à 75 %. Tourner les cuisses de poulet de temps à autre.

5 Laver les tomates et les concasser. Les ajouter à la préparation, de même que les olives.

6 Laver le poivron, le couper en deux puis en petits morceaux après l'avoir épépiné. L'ajouter également à la préparation et poursuivre la cuisson 4 à 6 minutes.

7 Faire cuire le riz avec 2 tasses d'eau, 5 à 6 minutes, à la puissance 60-70 %.

8 Préparation de la sauce : délayer la farine dans le beurre fondu. Déglacer avec le vin et porter à ébullition. Incorporer le curry et la purée de tomates.

9 min.   19 min.

Cuisses de poulet à l'arlésienne

1 Dans un plat brunisseur, faire fondre le beurre pendant 1 à 2 minutes, à pleine puissance.

2 Laver les cuisses de poulet à l'eau courante froide et bien les éponger. Les saler et les poivrer, puis les faire rissoler au beurre, 2 à 3 minutes, sur toutes les faces.

3 Laver les aubergines et les couper en dés après avoir ôté le pédoncule. Éplucher l'oignon et le couper en rondelles. Laver les tomates et les concasser après avoir ôté la partie dure qui se trouve à la base du pédoncule.

4 Ajouter les légumes et les faire cuire avec les cuisses de poulet 12 à 15 minutes, à 75 %.

5 Quand les cuisses de poulet sont bien cuites, les dresser sur un plat. Mélanger l'ail et le jus de citron et verser quelques gouttes sur les cuisses de poulet avant de servir.

17 min.

■ **Pour 4 portions**

4 c.s. de beurre

4 cuisses de poulet

Sel

Poivre

2 petites aubergines

1 gros oignon doux

4 tomates

1 pointe d'ail écrasé

1 citron

Temps de cuisson :
17 minutes en tout

Par portion
env. 396 kcal/1 658 kj
P : 44 g, L : 18 g, G : 8 g

123

Cuisses de poulet à la florentine

■ **Pour 4 portions**

4 cuisses de poulet

Sel

Poivre

4 c.s. de beurre

250 g d'épinards surgelés

1 gousse d'ail

Pour la sauce :

2 c.s. de beurre

1 c.s. de farine

1/4 l de lait

Sel

Poivre

1 jaune d'œuf

3 c.s. de fromage râpé

Temps de cuisson :
27 minutes en tout

Par portion
env. 514 kcal/2 154 kj
P : 49 g, L : 31 g , G : 5 g

1 Laver les cuisses de poulet à l'eau courante froide et bien les éponger. Les saler et les poivrer.

2 Dans un plat brunisseur, faire fondre le beurre et rissoler les cuisses de poulet, 20 à 25 minutes, à 75 %.

3 Dans un plat à micro-ondes, faire décongeler les épinards additionnés d'ail.

4 Préparation de la sauce : faire fondre le beurre 1 à 2 minutes, à pleine puissance. Incorporer la farine. Verser le lait en fouettant vivement. Faire bouillir. Enfin, saler et poivrer.

5 Lier la sauce avec le jaune d'œuf et incorporer le fromage.

2 min.	25 min.	

Canard à la hongroise

1 Laver le canard à l'eau courante froide et bien l'éponger. Le saler, le poivrer et l'assaisonner de basilic.

2 Dans un plat brunisseur, faire rissoler le lard, 2 à 3 minutes, à pleine puissance.

3 Éplucher et hacher finement la gousse d'ail et l'oignon.

4 Faire revenir le canard, l'ail et l'oignon avec le lard rissolé, 2 à 3 minutes.

5 Laver les poivrons, les couper en deux puis en petits morceaux après les avoir épépinés.

6 Laver les tomates, les épépiner et les couper en quartiers après avoir ôté la partie dure à la base du pédoncule.

7 Ajouter à la préparation les poivrons, les tomates et les olives et poursuivre la cuisson 4 minutes.

8 Mouiller avec le vin blanc sec, le Tokay ainsi que le bouillon et cuire à couvert 30 à 35 minutes, à 75 %.

9 Servir avec des feuilles de basilic en garniture.

40 min.

Conseil
Si vous n'avez pas de Tokay sous la main, remplacez-le par un autre vin blanc demi-sec ou moelleux.

■ **Pour 4 portions**

1 canard prêt à l'emploi (1,5 kg)

Sel

Poivre

2 c.s. de basilic ciselé

100 g de lard maigre

1 oignon

1 gousse d'ail

4 poivrons rouges

2 tomates

12 olives noires

1/8 l de vin blanc sec

1/8 l de Tokay

1/8 l de bouillon

Feuilles de basilic pour garnir

Temps de cuisson : 40 minutes en tout

Par portion env. 1 836 kcal/7 688 kj P : 49 g, L : 171 g, G : 8 g

Lapin à la sauce aux airelles

■ Pour 4 portions

2 oignons frais

4 gousses d'ail

50 g de beurre

600 g de chair de lapin

Sel marin

Poivre blanc

1 tasse de vin rouge

1 tasse de bouillon
de légumes
(produit industriel)

4 baies de genièvre

1 feuille de laurier

Pour la sauce :

1 pot de crème
fermentée

1 orange

2 c.s. d'airelles

1 c.c. de moutarde

Feuilles de menthe

Temps de cuisson :
25 minutes en tout

Par portion
env. 405 kcal/1 695 kj
P : 36 g, L : 20, G : 9 g

1 Éplucher et hacher finement la gousse d'ail et l'oignon.

2 Dans un plat brunisseur, faire fondre le beurre pendant 1 à 2 minutes, à pleine puissance.

3 Faire revenir la chair de lapin, l'ail et l'oignon 5 à 6 minutes, à pleine puissance. Saler et poivrer.

4 Mouiller avec le vin rouge et le bouillon. Ajouter les baies de genièvre et la feuille de laurier. Faire cuire à couvert 18 à 22 minutes, à pleine puissance.

5 Préparation de la sauce : incorporer la moutarde à la crème et ajouter les quartiers d'orange pelés à vif, les airelles et la menthe ciselée.

6 Servir les morceaux de lapin nappés de sauce.

25 min.

Cuisse de sanglier aux baies rouges

1 Dans un plat brunisseur, faire chauffer l'huile 1 à 2 minutes, à pleine puissance.

2 Saler et poivrer la cuisse de sanglier.

3 La faire rissoler à l'huile sur toutes les faces.

4 Mouiller avec le bouillon de viande. Ajouter les baies de genièvre et cuire à couvert 35 à 40 minutes.

5 Préparation de la sauce : dans un plat à micro-ondes, faire fondre le beurre 1 à 2 minutes, à pleine puissance. Incorporer la farine pour faire un roux. Verser le fond de gibier et compter 3 minutes de cuisson. Remuer de temps à autre.

6 Trier les fruits, les laver et bien les égoutter. Les ajouter à la sauce de même que l'eau-de-vie et la feuille de laurier. Saler et poivrer. Faire bouillir 1 minute.

7 Couper la cuisse de sanglier en tranches et les servir nappées de sauce.

5 min.   42 min.

■ **Pour 4 portions**

2 c.s. d'huile

Cuisse de sanglier (1 kg)

Sel

Poivre

3/4 l de bouillon de viande

6 baies de genièvre

Pour la sauce :

30 g de beurre

20 g de farine

1/2 l de fond de gibier

100 g de groseilles

100 g de framboises

Eau-de-vie de genièvre

1 feuille de laurier

Sel

Poivre

Temps de cuisson :
47 minutes en tout

Par portion
env. 727 kcal/3 046 kj
P : 67 g, L : 41 g, G : 14 g

Légumes et autres garnitures

Avec un four à micro-ondes,
à chacun sa garniture ! Asperges,
carottes, brocolis ou poivrons,
tous les légumes cuisent si rapidement
qu'ils conservent leurs précieuses
vitamines et toutes leurs qualités
gustatives. Simples ou plus élaborées,
toutes ces garnitures vous
permettent de varier vos menus.

Asperges à la vinaigrette

■ **Pour 4 portions**

1 kg d'asperges

1 l d'eau

2 c.s. de sel

1 c.c. de sucre

Pour la sauce :

2 c.s. de vinaigre aux herbes

1/2 c.c. d'ail en poudre

4 c.s. de persil haché

Sel

Poivre

1 c.s. d'huile végétale

Temps de cuisson : 18 minutes en tout

Par portion env. 74 kcal/309 kj P : 5 g, L : 3 g, G : 7 g

1 Mettre les asperges pelées dans un plat à micro-ondes. Ajouter l'eau, le sel, le sucre et faire cuire à couvert 12 minutes, à pleine puissance.

2 Préparer la sauce : mélanger le vinaigre, l'ail en poudre et le persil haché. Ajouter le sel et le poivre et incorporer l'huile lentement, en remuant.

3 Verser cette vinaigrette sur les asperges chaudes et les servir. Les asperges ainsi préparées peuvent aussi être consommées froides.

18 min.

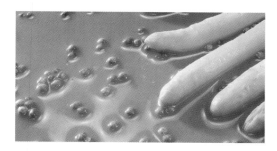

Sauce au poivre

Mélanger 1/2 l de sauce à rôti avec 1 cuillerée à soupe de moutarde, 1 de cognac, 1 cuillère et demie de grains de poivre et 4 cl de vin blanc sec. Faire bouillir 1 à 2 minutes, à pleine puissance. Pour terminer, incorporer au fouet 1 cuillerée à soupe de beurre froid.

Sauce au homard

Faire bouillir 2 à 3 minutes à pleine puissance 1/4 l de sauce claire (produit industriel) et 200 ml de fumet de poisson. Remuer de temps à autre. Lier avec 2 jaunes d'œufs. Ajouter 200 ml de crème, 20 g de chair de homard, du sel, du poivre et un peu de jus de citron. Incorporer au fouet 1 cuillerée à soupe de beurre froid.

Sauce à la ciboulette

Faire dorer dans 50 g de beurre 1 oignon réduit en purée (2 à 3 minutes, à pleine puissance). Mouiller avec 1/4 l de bouillon d'asperges. Incorporer 150 g de yaourt et 1/8 l de crème fermentée. Bien remuer. Faire bouillir 2 à 3 minutes, à pleine puissance. Au moment de servir, incorporer 1 œuf dur, réduit en purée, et 8 cuillerées à soupe de ciboulette ciselée.

Sauce aux amandes

Dans un plat brunisseur, faire dorer dans 4 cuillerées à soupe de beurre 180 g d'amandes hachées. Remuer de temps à autre. Mouiller avec 2 cuillerées à soupe de jus de citron, 4 de jus de rôti et 5 cl de vermouth sec. Ajouter 4 cuillerées à soupe de crème. Bien remuer. Saler et poivrer. Faire bouillir 1 à 2 minutes. Émulsionner avec un appareil prévu à cet effet.

Tomates et poireaux

■ **Pour 4 portions**

200 g de poireaux

2 c.s. d'huile d'olive

2 gousses d'ail

1 kg de tomates

Sel

Poivre

1 bouquet de persil

1 bouquet de marjolaine

Temps de cuisson :
12 minutes en tout

Par portion
env. 115 kcal/480 kj
P : 4 g, L : 6 g, G : 9 g

1 Nettoyer les poireaux, les laver et les couper en rondelles.

2 Chauffer l'huile, 1 à 2 minutes, dans un plat brunisseur. Y faire suer les poireaux 6 à 8 minutes, à pleine puissance.

3 Peler l'ail, le hacher finement, l'ajouter aux poireaux et faire revenir le tout brièvement.

4 Laver les tomates et les couper en tranches. Saler et poivrer. Les faire cuire 2 minutes avec les poireaux.

5 Trier, laver, essorer et ciseler le persil et la marjolaine. Parsemer ces fines herbes sur les tomates et servir.

12 min.

Poivrons à la crème

1 Peler l'ail et le couper finement.

2 Laver les poivrons, les couper en deux puis en morceaux une fois épépinés.

3 Chauffer l'huile, 1 à 2 minutes, à pleine puissance, dans un plat brunisseur. Faire revenir les poivrons et l'ail 1 à 2 minutes.

4 Ajouter la crème et faire cuire à couvert 8 à 10 minutes. Peu avant la fin de la cuisson, incorporer les filets d'anchois et verser le jus de citron.

5 Servir le poivron parsemé de persil haché.

11 min.

■ **Pour 4 portions**

3 gousses d'ail

5 poivrons

4 c.s. d'huile

3/4 l de crème

2 c.s. de jus de citron

4 filets d'anchois

Persil haché pour garnir

Temps de cuisson :
11 minutes en tout

Par portion
env. 338 kcal/1 411 kj
P : 5 g, L : 30 g, G : 8 g

133

Légumes à l'andalouse

■ **Pour 4 portions**

150 g de lard fumé

1 poivron rouge

1 poivron jaune

1 poivron vert

1 gros oignon

250 g de pommes de terre

150 g de haricots verts

50 g de maïs en grains (en boîte)

1/4 l de bouillon de légumes

Sel

Poivre

Temps de cuisson :
12 minutes en tout

Par portion
env. 252 kcal/1 057 kj
P : 10 g, L : 14 g, G : 18 g

1 Couper le lard finement. Faire rissoler les lardons 2 à 3 minutes dans un plat brunisseur.

2 Laver les poivrons, les couper en deux puis en morceaux après les avoir épépinés. Peler et émincer l'oignon.

3 Laver les pommes de terre, les éplucher et les couper en dés.

4 Nettoyer les haricots et les laver. Égoutter le maïs. Mettre tous les légumes dans un plat à gratin et les mélanger.

5 Les arroser du bouillon de légumes. Saler et poivrer. Répartir les lardons et faire cuire à couvert pendant 8 à 10 minutes, à pleine puissance.

10 min.   2 min.

Carottes et brocolis au lait de noix de coco

1 Verser le lait sur les flocons de noix de coco et faire chauffer 2 minutes au four à micro-ondes, à pleine puissance. Ensuite, couvrir le plat et laisser gonfler.

2 Peler et hacher finement ail et oignons. Nettoyer les piments, les laver, les couper en deux puis les hacher après les avoir épépinés. Éplucher les pommes de terre et les couper en rondelles. Parer les brocolis, les laver et les diviser en bouquets. Éplucher les tiges et les couper finement.

3 Utiliser une étamine pour filtrer le lait additionné de noix de coco. Presser avec une spatule et éliminer les résidus de noix de coco. Safraner le lait.

4 Mettre les oignons, l'ail et les piments dans un plat. Ajouter le beurre et compter 8 minutes de cuisson à découvert, à pleine puissance.

5 Ajouter les brocolis et les carottes. Arroser de lait à la noix de coco. Faire cuire à couvert 11 minutes, à pleine puissance. Lorsque les légumes sont cuits *al dente*, les retirer du four et les réserver.

6 Faire dorer au four 100 g de flocons de noix de coco avec 1 cuillerée à soupe de beurre (8 minutes à pleine puissance). Répartir les flocons sur les légumes et servir, avec du riz par exemple.

29 min.

■ **Pour 4 portions**

200 g de flocons de noix de coco

500 ml de lait

2 petits oignons

1 gousse d'ail

2 piments

300 g de carottes

700 g de brocolis

2 c.s. de beurre

1 dose de safran en poudre

Sel

Poivre

2 c.s. de flocons de noix de coco

1 c.s. de beurre

Temps de cuisson : 29 minutes en tout

Par portion env. 478 kcal/2 006 kj P : 15 g, L : 39 g, G : 18 g

135

Mélange provençal

■ **Pour 4 portions**

150 g de lard

2 tomates

1/2 courgette

1 poivron rouge

1 poivron vert

1 poivron jaune

150 g de haricots verts

1 botte d'oignons frais

1/4 l de bouillon de légumes

2 branches de thym

Sel

Poivre

Persil haché pour garnir

Temps de cuisson :
12 minutes en tout

Par portion
env. 222 kcal/929 kj
P : 10 g, L : 14 g, G : 10 g

1 Couper le lard en petits dés et les faire rissoler pendant 2 à 3 minutes dans un plat brunisseur.

2 Nettoyer, laver et couper en dés les tomates et les courgettes.

3 Laver les poivrons, les couper en deux puis en lanières une fois épépinés.

4 Nettoyer les haricots verts et les oignons frais. Réunir tous les légumes dans un plat à micro-ondes.

5 Répartir dessus les lardons et verser dans le plat le bouillon de légumes. Saler, poivrer et assaisonner de thym.

6 Faire cuire à couvert 8 à 10 minutes, à pleine puissance. Servir parsemé de persil haché.

10 min.   2 min.

Gratin de légumes

1 Éplucher les pommes de terre, les laver et les couper en petits morceaux.

2 Écosser les petits pois. Effiler les haricots verts, les laver et les laisser égoutter.

3 Mélanger les pommes de terre, les petits pois, les haricots et les grains de maïs. Les répartir dans 4 ramequins et les arroser de bouillon de légumes. Compter 8 à 10 minutes de cuisson, à pleine puissance.

4 Laver les tomates et les couper en tranches après avoir ôté le pédoncule.

5 Dans chaque ramequin, ajouter 2 tranches de lard, 2 rondelles de tomate et 1 tranche de fromage. Parsemer de persil haché et faire gratiner au four à micro-ondes 2 à 3 minutes.

9 min.	.	2 min.

■ **Pour 4 portions**

250 g de pommes de terre

150 g de petits pois

100 g de haricots verts

50 g de maïs en grains

1/4 l de bouillon de légumes

2 tomates

8 tranches de lard fumé

4 tranches de fromage

2 c.s. de persil haché

Temps de cuisson :
11 minutes en tout

Par portion
env. 590 kcal/2 472 kj
P : 33 g, L : 38 g, G : 20 g

137

Fenouils farcis

■ **Pour 4 portions**

6-8 petits bulbes de fenouil

1/2 l d'eau

Sel

125 g de jambon cuit

125 g de gouda

2 c.s. de beurre

2 c.s. de farine

1/8 l de lait

Poivre

1 pincée de noix muscade

Temps de cuisson :
19 minutes en tout

Par portion
env. 320 kcal/1 341 kj
P : 23 g, L : 19 g, G : 12 g

1 Laver les bulbes de fenouil et éliminer les feuilles extérieures.

2 Mettre le fenouil dans un plat à micro-ondes et saler. Verser l'eau et faire cuire 12 à 15 minutes, à pleine puissance. Ensuite, creuser les bulbes.

3 Hacher finement la partie du bulbe ainsi extraité et quelques brindilles de fenouil. Couper le jambon et le fromage en petits dés.

4 Dans un plat brunisseur, faire fondre le beurre 1 minute, à pleine puissance. Faire un roux avec la farine. Ajouter le lait et porter le tout à ébullition en remuant vivement. Saler, poivrer et assaisonner de noix muscade.

5 Ajouter le fenouil haché, les dés de jambon et de fromage à la béchamel. Farcir les bulbes de ce mélange.

6 Les faire gratiner 2 à 3 minutes et les servir parsemés de brindilles de fenouil ciselées.

17 min.	.	2 min.

Pommes de terre en robe des champs

■ **Pour 4 portions**

1 kg de pommes de terre

Sel

Persil haché

Beurre

Temps de cuisson :
13 minutes en tout

Par portion
env. 232 kcal/972 kj
P : 5 g, L : 6 g, G : 37 g

1 Laver les pommes de terre et bien les brosser.

2 Les mettre dans un plat à micro-ondes, ajouter un peu d'eau et saler. Piquer les pommes de terre avec une fourchette pour en percer la peau.

3 Les faire cuire à couvert 12 à 15 minutes, à pleine puissance.

4 Déchirer la peau sur le dessus de chaque pomme de terre, parsemer de persil haché et servir avec des noisettes de beurre.

13 min.

Pommes de terre aux épinards

1 Laver les pommes de terre et bien les brosser, puis les mettre dans un plat à micro-ondes.

2 Ajouter un peu d'eau et faire cuire à couvert pendant, 14 à 16 minutes, à pleine puissance.

3 Trier les épinards, les laver et les couper.

4 Faire fondre le beurre dans un plat à micro-ondes. Ajouter les épinards assaisonnés de persil et de cerfeuil. Faire cuire à couvert 6 à 8 minutes, à pleine puissance. Saupoudrer d'ail, puis réduire en purée.

5 Déchirer la peau des pommes de terre, les creuser légèrement et les garnir d'épinards.

6 Les dresser sur des assiettes et les servir aussitôt avec une tranche d'œuf, deux rondelles de tomate et quelques brins de ciboulette.

22 min.

■ **Pour 4 portions**

1 kg de pommes de terre

300 g d'épinards

2 c.s. de beurre

1 c.s. de persil

1 c.s. de cerfeuil séché

1 c.s. de basilic ciselé

1 pincée d'ail en poudre

1 œuf, 1 tomate et de la ciboulette pour garnir

Temps de cuisson :
22 minutes en tout

Par portion
env. 249 kcal/1 045 kj
P : 7 g, L : 7 g, G : 38 g

141

Céleri, fenouil et tomates

■ Pour 4 portions

1 bulbe de fenouil

1 céleri-branche

250 g de tomates

1 bouquet de basilic

1 bouquet de persil

Poivre

100 g de beurre

1 baguette de pain

1 gousse d'ail

1 c.s. de persil haché

Temps de cuisson :
12 minutes en tout

Par portion
env. 561 kcal/2 349 kj
P : 13 g, L : 22 g, G : 74 g

1 Parer, laver et couper finement le fenouil et le céleri-branche.

2 Laver les tomates, les entailler en croix, les ébouillanter brièvement, les peler et les couper en tranches.

3 Mettre les légumes et les fines herbes dans un plat à micro-ondes. Poivrer, ajouter un peu d'eau et faire cuire à couvert 8 à 10 minutes, à pleine puissance.

4 Faire fondre le beurre 1 minute dans un plat brunisseur.

5 Couper le pain en tranches. Presser l'ail.

6 Faire dorer les tranches de pain dans le beurre additionné d'ail. Les servir avec les légumes.

7 Laver, essorer et ciseler le persil ainsi que le basilic.

9 min.　　　3 min.

Riz aux courgettes

1 Dans un plat brunisseur, faire chauffer l'huile 2 à 3 minutes, à pleine puissance.

2 Peler et émincer l'oignon. Le faire suer dans l'huile.

3 Ajouter le riz lavé et bien égoutté et le nacrer environ 1 minute. Verser l'eau et cuire à couvert 12 à 15 minutes, à 65 %.

4 Entre-temps, nettoyer les courgettes, les laver et les couper en morceaux. Laver les tomates et les couper en huit après avoir ôté le pédoncule.

5 Mettre les légumes dans un plat à micro-ondes. Ajouter un peu d'eau, le sel aux fines herbes et le basilic séché. Saupoudrer de curry et cuire à couvert 6 à 8 minutes, à pleine puissance.

6 Mélanger le riz et les légumes. Incorporer le fromage frais et l'emmental râpé. Bien mélanger puis servir.

23 min.

■ **Pour 4 portions**

2 c.s. d'huile

1 oignon

200 g de riz naturel

1/4 l d'eau

500 g de courgettes

500 g de tomates

2 c.c. de sel aux fines herbes

1 c.c. de basilic séché

1/2 c.c. de curry

100 g de fromage frais double crème

50 g d'emmental râpé

Temps de cuisson :
23 minutes en tout

Par portion
env. 394 kcal/1 649 kj
P : 11 g, L : 17 g, G : 47 g

143

Sarrasin, poireaux et champignons de Paris

■ Pour 4 portions

500 g de sarrasin

1 l de bouillon de légumes

1 poireau

100 g de champignons de Paris

1 poivron rouge

1 poivron vert

1 poivron jaune

Sel

Poivre

1 c.s. de graines de tournesol

Temps de cuisson : 12 minutes en tout

Par portion env. 503 kcal/2 105 kj P : 17 g, L : 5 g, G : 94 g

1 Broyer grossièrement les grains de sarrasin et les mettre dans un plat à micro-ondes. Les arroser du bouillon de légumes et cuire à couvert pendant 5 à 7 minutes, à pleine puissance.

2 Nettoyer le poireau, le laver et le couper en rondelles. Parer les champignons de Paris et les laver. Laver les poivrons, les couper en deux puis en lanières après les avoir épépinés.

3 Réunir les légumes, les champignons et le sarrasin. Saler, poivrer et cuire le tout à couvert 5 à 7 minutes.

4 Quand la cuisson est terminée, répartir sur la préparation les graines de tournesol et servir.

12 min.

Haricots à la forestière

1 Couper le lard en petits dés et les faire rissoler dans l'huile, 2 à 3 minutes, à pleine puissance.

2 Peler et émincer l'oignon. Nettoyer les champignons, les laver et les égoutter. Les faire revenir brièvement avec les lardons.

3 Effiler les haricots verts, les laver, les ajouter aux champignons et faire revenir brièvement. Saler, poivrer et saupoudrer de thym.

4 Verser le jus de citron, le bouillon de viande et le vin blanc. Faire cuire à couvert 4 à 5 minutes, à pleine puissance.

5 Pour finir, lier le jus de cuisson avec les jaunes d'œufs et servir.

9 min.

■ **Pour 4 portions**

100 g de lard fumé

1 c.s. d'huile

1 oignon

200 g de champignons mélangés

300 g de haricots verts

Sel

Poivre

Thym

Le jus d'1/2 citron

1/8 l de bouillon de viande

2 c.s. de vin blanc

2 jaunes d'œufs

Temps de cuisson :
9 minutes en tout

Par portion
env. 260 kcal/966 kj
P : 10 g, L : 17 g, G : 6 g

145

Desserts

Crêpes fourrés, salades
de fruits, compotes de baies
rouges, ananas – surprise,
glaces aux pistaches –
des desserts que l'on apprécie
à tout âge et dont la préparation
est très rapide au micro-ondes.
Ils ont de jolies couleurs qu'on
se régale déjà en les regardant.

Crêpes aux fruits

■ **Pour 4 portions**

Pour la pâte :

250 ml de crème fleurette

100 g de farine

2 œufs

3 c.s. de beurre

1 c.s. de sucre

Pour la garniture :

50 g de mandarines (en boîte)

50 g d'ananas en tranches (en boîte)

50 g de fraises

50 g de cerises

1 c.s. de beurre

1 c.s. de sucre

1 c.s. de rhum

Temps de cuisson : 4 minutes en tout

Par portion env. 459 kcal / 1 924 kj
P : 8 g, L : 33 g, G : 31 g

1 Mélanger la crème, les œufs, le beurre, la farine et le sucre.

2 Abaisser la pâte finement sur des assiettes plates et la faire cuire 3 à 4 minutes, à pleine puissance.

3 Égoutter les mandarines, récupérer le jus pour l'utiliser ultérieurement. Égoutter aussi l'ananas en tranches et en couper 50 g en morceaux.

4 Nettoyer les fraises, les laver et les couper en deux. Équeuter les cerises, les laver et les dénoyauter.

5 Faire fondre le beurre. Ajouter le sucre, le rhum et les fruits.

6 Fourrer les crêpes, les plier et les servir sur de jolies assiettes.

4 min.

Sauce aux kiwis

Dans un plat brunisseur, faire caraméliser 30 g de sucre 5 à 6 minutes, à pleine puissance. Bien mélanger avec 20 g de beurre. Ajouter le jus d'un citron et de 5 oranges. Réduire en purée 100 g de kiwis épluchés et les incorporer à la sauce. La parfumer de 2 cl de rhum et de 4 cl de Cointreau.

Sauce aux noisettes

Dans un plat brunisseur, faire fondre 200 g de chocolat noir et autant de chocolat au lait dans 200 ml de crème. Compter 5 à 7 minutes, à 65 %. Incorporer 1 sachet de sucre vanillé, 4 cl de rhum, 1 cuillerée à café de zeste de citron et 100 g de noisettes entières.

Sauce aux mandarines

Dans un plat brunisseur, faire caraméliser 30 g de sucre 5 à 6 minutes, à pleine puissance. Bien mélanger avec 20 g de beurre. Ajouter le jus d'un citron et de 5 oranges. Réduire en purée la moitié d'une boîte de mandarines en tranches et les incorporer à la sauce. La parfumer de 2 cl de rhum et de 4 cl de Cointreau. Ajouter le reste de mandarines.

Sauce aux fraises

Dans un plat brunisseur, faire caraméliser 30 g de sucre 5 à 6 minutes, à pleine puissance. Bien mélanger avec 20 g de beurre. Ajouter le jus d'un citron et de 5 oranges. Réduire en purée 50 g de fraises et les incorporer à la sauce. La parfumer de 2 cl de rhum et de 4 cl de Cointreau. Ajouter 50 g de fraises coupées en petits morceaux.

Ananas aux fruits chauds

■ **Pour 4 portions**

1 ananas

4 oranges

2 kiwis

100 g de cerises

2 c.s. de beurre

2 c.s. de sucre

2 c.s. de noix hachées

Mélisse pour garnir

Temps de cuisson :
3 minutes en tout

env. 355 kcal/ 1 486 kj
P : 3 g, L : 10 g, G : 60 g

1 Couper l'ananas en deux dans le sens de la longueur et l'évider. Détailler la pulpe en petits dés.

2 Peler les oranges à vif et les couper en quartiers.

3 Éplucher les kiwis et les couper en tranches.

4 Dans un plat brunisseur, faire fondre le beurre 1 à 2 minutes à pleine puissance. Faire revenir les fruits dans le beurre et les saupoudrer de sucre.

5 Garnir les moitiés d'ananas de cette salade chaude. Parsemer de noix hachées et décorer de feuilles de mélisse.

11 min.

Compote de fruits rouges

1 Trier les groseilles et les framboises, les laver délicatement et les faire égoutter.

2 Les mettre dans un plat à micro-ondes et les saupoudrer de sucre. Ajouter un peu d'eau et les faire cuire à couvert 8 à 10 minutes, à pleine puissance.

3 Délayer la gélatine dans un peu d'eau ou de vin rouge et l'incorporer aux fruits. Compter 1 à 2 minutes de cuisson.

4 En fin de cuisson, parsemer de pistaches hachées. Laisser refroidir, puis servir.

■ **Pour 4 portions**

375 g de groseilles

250 g de framboises

3/4 l d'eau

200 g de sucre

75 g de gélatine

2 c.s. de pistaches hachées

Temps de cuisson :
11 minutes en tout

Par portion
env. 354 kcal/1 481 kj
P : 3 g, L : 3 g, G : 74 g

3 min.

Ananas-surprise

■ **Pour 4 portions**

1 ananas

150 g de riz

100 g de framboises

2 c.s. de beurre

2 c.s. de sucre

2 c.s. de jus
de framboises

Le jus d'une orange

Mélisse pour garnir

Temps de cuisson :
14 minutes en tout

Par portion
env. 403 kcal/1 687 kj
P : 4 g, L : 7 g, G : 79 g

1 Couper l'ananas en deux dans le sens de la longueur et l'évider. Additionner d'un peu d'eau la pulpe ainsi retirée et la réduire en purée.

2 Laver le riz. Le mettre dans un plat à micro-ondes et verser dessus 2 tasses d'eau. Faire cuire à couvert 10 à 12 minutes, à 75 %.

3 Trier les framboises, les laver délicatement et les faire égoutter.

4 Faire fondre le beurre dans un plat à micro-ondes. Ajouter ensuite le riz et les framboises.

5 Au bout de 1 à 2 minutes, retirer le plat du four. Saupoudrer de sucre et arroser avec les jus de framboises et d'orange.

6 Garnir les moitiés d'ananas de cette préparation, décorer de feuilles de mélisse et servir.

14 min.

Ananas au kirsch

■ **Pour 4 portions**

2 ananas

300 g de cerises

100 g de framboises

2 c.s. de beurre

2 c.s. de sucre

4 c.s. de kirsch

1 c.c. de gélatine

1/4 l de crème fleurette

4 c.s. de pistaches

Mélisse pour garnir

Temps de cuisson :
5 minutes en tout

Par portion
env. 585 kcal/2 452 kj
P : 5 g, L : 32 g, G : 61 g

1 Couper l'ananas en deux dans le sens de la longueur et l'évider.

2 Laver les cerises et les dénoyauter. Laver les framboises et les faire égoutter.

3 Faire fondre le beurre 2 minutes à pleine puissance. Cuire brièvement les cerises et les framboises dans le beurre. Les saupoudrer de sucre.

4 Délayer la gélatine et l'incorporer aux fruits. Garnir de cette préparation les moitiés d'ananas.

5 Couper en tranches la pulpe retirée de l'ananas et l'ajouter aux autres fruits.

6 Fouetter la crème en chantilly. En garnir les ananas. Saupoudrer de pistaches, décorer de feuilles de mélisse et servir.

5 min.

153

Duo glacé au whisky

■ Pour 4 portions

2 c.s. de raisins secs

2 c.s. de whisky

**50 g de pistaches
ou d'amandes**

200 g de crème fraîche

2 c.s. de miel

**500 ml de glace au
chocolat et à la vanille**

Temps de cuisson :
2 minutes en tout

Par portion
env. 581 kcal/2 433 kj
P : 8 g, L : 39 g, G : 44 g

1 Faire macérer les raisins secs 10 minutes dans le whisky.

2 Mélanger la crème fraîche et le miel et faire chauffer 2 à 3 minutes, à pleine puissance, dans un plat à micro-ondes.

3 Réunir les raisins, les pistaches et les amandes. Bien mélanger.

4 Verser la sauce chaude dans 4 assiettes à dessert. Poser dans chacune d'elles deux boules de glace au chocolat et à la vanille. Servir aussitôt.

2 min.

Crêpes aux myrtilles

■ **Pour 4 portions**

Pour la pâte :

250 ml g de crème fleurette

100 g de farine

2 œufs

3 c.s. de beurre

1 c.s. de sucre

Pour la garniture :

300 g de myrtilles

1 c.s. de beurre

8 c.s. de sirop d'érable

Feuilles de menthe pour décorer

Temps de cuisson :
3 minutes en tout

Par portion
env. 516 kcal/2 160 kj
P : 8 g, L : 33 g, G : 44 g

1 Préparation de la pâte : réunir dans un saladier la crème, la farine, les œufs, le sucre et le beurre. Fouettez jusqu'à obtention d'une pâte homogène.

2 L'abaisser finement sur des assiettes plates et faire cuire les crêpes une à une, 3 à 4 minutes à pleine puissance.

3 Trier les myrtilles, les laver délicatement et les faire égoutter.

4 Faire fondre le beurre. Ajouter les myrtilles et le sirop d'érable.

5 Étaler bien ce mélange sur une moitié de crêpe et rabattre l'autre moitié.

6 Dresser les crêpes sur des assiettes et les servir décorées de feuilles de menthe.

3 min.

Crêpes aux groseilles

1 Préparation de la pâte : réunir dans un saladier la crème, la farine, les œufs, le sucre, le sel et le beurre. Fouettez jusqu'à obtention d'une pâte homogène.

2 L'abaisser finement sur des assiettes plates et faire cuire les crêpes une à une, 3 à 4 minutes à pleine puissance.

3 Trier les groseilles, les laver délicatement et les faire égoutter. Les additionner de sucre gélifiant et les cuire 1 minute, à pleine puissance. Les parfumer ensuite de liqueur de groseilles.

4 Étaler bien ce mélange sur une moitié de crêpe et rabattre l'autre moitié. Servir les crêpes saupoudrées de sucre glace et décorées de feuilles de menthe.

3 min.

■ **Pour 4 portions**

Pour la pâte :

1 tasse de crème fleurette

100 g de farine

2 œufs

3 c.s. de beurre

1 pincée de sel

1 c.s. de sucre

Pour la garniture :

200 g de groseilles

75 g de sucre gélifiant

2 c.s. de liqueur de groseilles

Sucre glace

Feuilles de menthe pour décorer

Temps de cuisson :
3 minutes en tout

Par portion
env. 478 kcal/1 975 kj
P : 8 g, L : 30 g, G : 41 g

Crêpes aux fruits secs

■ Pour 4 portions

Pour la pâte :

250 ml de crème fleurette

100 g de farine

2 œufs

3 c.s. de beurre

1 pincée de sel

1 c.s. de sucre

Pour la garniture :

125 g de crème pralinée

2 cl de liqueur d'orange

50 g de noix

50 g de cacahuètes

50 g d'amandes

50 g de pistaches

4 c.s. de crème fraîche

Temps de cuisson :
3 minutes en tout

Par portion
env. 972 kcal/4 069 kj
P : 20 g, L : 67 g, G : 68 g

1 Préparation de la pâte : réunir dans un saladier la crème, la farine, les œufs, le sucre, le sel et le beurre. Fouettez jusqu'à obtention d'une pâte homogène.

2 L'abaisser finement sur des assiettes plates et faire cuire les crêpes une à une, 3 à 4 minutes à pleine puissance.

3 Préparation de la garniture : faire chauffer la crème pralinée et l'additionner de liqueur d'orange. Incorporer les noix, les amandes et les pistaches. Ajouter ensuite la crème fleurette et bien mélanger le tout.

4 Étaler régulièrement ce mélange sur une moitié de crêpe et rabattre l'autre moitié, puis servir.

3 min.

Crêpes aux kiwis

1 Préparation de la pâte : réunir dans un saladier la crème, la farine, les œufs, le sucre et le beurre. Fouettez jusqu'à obtention d'une pâte homogène.

2 L'abaisser finement sur des assiettes plates et faire cuire les crêpes une à une, 3 à 4 minutes à pleine puissance.

3 Éplucher les kiwis et les couper en morceaux. Les additionner de sucre gélifiant et les cuire 1 minute, à pleine puissance. Les parfumer de liqueur de citron.

4 Étaler bien ce mélange sur une moitié de crêpe et rabattre l'autre moitié. Servir les crêpes saupoudrées de sucre glace et décorées de feuilles de mélisse.

.

3 min.

■ **Pour 4 portions**

250 ml de crème fleurette

100 g de farine

2 œufs

3 c.s. de beurre

1 c.s. de sucre

Pour la garniture :

4 kiwis

75 g de sucre gélifiant

2 c.s. de liqueur de citron

Sucre glace

Mélisse pour décorer

Temps de cuisson :
3 minutes en tout

Par portion
503 kcal/2 106 kj
P : 8 g, L : 30 g, G : 47 g

Index des recettes